浙江有意思

“浙江有意思”系列

总策划 王　寒

冯建荣 著

浙江工商大学出版社·杭州

作　者　简　介

冯建荣

浙江绍兴人。历史、文学、书法爱好者。

爱国爱乡爱家，喜欢感知越中大地上曾经弥散的神圣的文化灵光，欣赏越地天空中曾经闪耀的迷人的精神彩虹。

中国书法家协会会员

代表作有：

《越语》

1

绍兴这个地方，真是有意思。

绍兴的山有意思，因为山有金木鸟兽之殷。

绍兴的水有意思，因为水有鱼盐珠蚌之饶。

绍兴的物有意思，因为物有种养工贸之丰。

绍兴的人有意思，因为人有精一危微之德。

绍兴的文有意思，因为文有辞章书艺之佳。

绍兴的城有意思，因为城有山水人文之绝。

2

越山"四有"。

绍兴古称"越"，故越地之山称越山。

越山有人文之特，每座山都富有人文底蕴，充满美丽故事。

越山有数量之多，其面积占了市域面积的七成。

越山有连绵之形，每座山的山体，平缓连绵而不分你我；山脉之间，连绵不绝而相互掩映。

越山有江河之伴，曹娥江与浦阳江两大干流及诸多支流流淌在山间，山与水形成了水乳交融的关系、交相辉映的美景。这山水，便生发了越地的一切。

3

“山”字形地形，造就了绍兴的地貌大势。

绍兴的地形骨架，是名副其实的“山”字形。这种地形骨架，造就了绍兴“四山三盆两江一平原”的地貌大势。

会稽山耸峙于中，是“山”字的第一笔“竖”。龙门山绵延于西，是“山”字的第二笔竖折中的“竖”。天台山蜿蜒于东南，是“山”字的第二笔竖折中的“横”。四明山逶迤于东，是“山”字的第三笔“竖”。

“山”字的两个凹槽，分别为曹娥江与浦阳江，均由南而北流入钱塘江。曹娥江流经处，形成了新嵊（新昌、嵊州）盆地与三章（三界、章镇）盆地；浦阳江流经处，形成了诸暨盆地。

“山”字上面的空白处，便是市境北部的绍兴平原。

这种地貌大势，最终形成了“七山一水两分田”的地貌结构。

这种山地丘陵兼备、台地盆地相融、平原河网一体的地貌，恰似一幅错落有致、旖旎多彩的自然风景画。绍兴的一切，便由此而生。

这真是上苍对绍兴人的恩赐。

4

孔子给会稽山定方位。

会稽山是绍兴的脊梁。关于它的地位，可以从2500多年前，孔子对这座山的关注与了解，来加以认识。

《国语·鲁语下》中，有这样一段记载："吴伐越，堕会稽……仲尼曰：'丘闻之：昔禹致群神于会稽之山，防风氏后至，禹杀而戮之。'"

这里边，同时出现了越、会稽、会稽之山、禹、防风氏等地名、山名、人名，不仅说明了会稽山就在今之浙江绍兴，也说明了会稽山早在2500多年前便已闻名天下。

会稽山，是一座由圣人定方位的中华人文圣山。

5

会稽山是中华祖山。

在先秦的典籍里，会稽山的地位十分尊崇，被列为中华九大名山之首、四大镇山之先。《周礼》在排列九州、九山时，就将扬州及其山镇会稽山排在首位。

北魏郦道元《水经注》载，黄帝尝于此建候神馆，并留下了金简玉字之书。

舜在此留下了舜江、舜井等诸多遗迹，后人还建了舜王庙等以志纪念。

大禹更是与会稽山结下了不解之缘。《史记·封禅书》记载，"禹封泰山,禅会稽”,后又归葬会稽。

《吕氏春秋》也将会稽山排为中华九山之首。或许是受仲父吕不韦的影响,秦始皇曾不远万里,南下巡越,还登上了会稽山。

6

“会稽者,会计也。”

司马迁在《史记·夏本纪》中记载:“禹会诸侯江南,计功而崩,因葬焉,命曰会稽。会稽者,会计也。”这段话的大意是,大禹治水成功、地平天成后,在会稽山会集各方诸侯,稽核治水业绩,论功行赏。因为大禹是在考核诸侯功绩时死的,所以就葬在那里,起名为会稽山。会稽就是会计(会合考核)的意思。

会集人马,汇总情况,进行计算稽核,这是“会计”一词的最早出典与原义所在,也说明会稽是“会计”一词的源头所在,大禹是世上会计的祖师爷。

“会计”一词,至今已使用了2100多年,司马迁实在是功德无量。而如果在“会计”的故乡绍兴建一座中国会计博物馆,更是实至名归。

7

龙门山是浦阳江与富春江的分水岭。

绍兴这个地方,受西北风与寒潮的影响较小,很大程度上得益于龙门山的屏障作用。绍兴被称为“风水宝地”,这便是很重要的“风水”。

由此看来,好“风水”其实就是好山水。

8

天台山是曹娥江、甬江与灵江的分水岭。

天台山山体连绵，巉岩多姿，人文积淀十分深厚，旅游资源十分丰富，自古就为浙东名山。

南北朝时的著名医药家、炼丹家、文学家，人称“山中宰相”的陶弘景，在其《真诰》中，曾对天台山之名的由来做过这样的解释：“山有八重，四面如一，顶对三辰，当牛女之分野，上应台宿，故名天台。”

天台山自西南向东北延伸，经新昌、宁海、奉化，转折至鄞州东南部到穿山半岛，入海后形成舟山群岛。遥想5000年前，海退时，天台山与舟山群岛应当是连绵一体的群山。

9

四明山是曹娥江与甬江的分水岭。

唐代大诗人刘长卿曾游四明山，留下了“四明山绝奇”“落落明四目”的诗句，山因此而名气更大。

四明山有282峰，是浙东的天然屏障，对阻挡台风、减缓风雨之势，有极大作用。

四明山历来是军事要冲，为浙东革命根据地之一。

10

山水与人文。

“山水”一词，山在前，水在后，说明有山方有水。

绍兴的山，代表性的，有会稽山、四明山、龙门山、天台山，它们座座都是“金山”。

绍兴的水，代表性的，有古鉴湖、古运河、曹娥江、浦阳江，它们条条都有“油水”。

一方山水养一方人。青山绿水与沃土，养育了勤劳、智慧、善良的绍兴人。

“人文”一词，人在前，文在后，说明有人方有文。

越地悠久的人类活动，创造了灿烂的历史与辉煌的文化。

独特的山水，造就了独特的人文。这既是过去的绍兴名声在外的两大主因，更是今天与明天的绍兴再创辉煌的两大主力。

11

古城九山剩三山。

绍兴多山，山中有山，山外有山，平原有山，城里也有山。

2500 多年前的勾践小城和山阴大城，便是利用平原上的阳堂山等 9 座孤丘作为地理坐标建立起来的。

只是很可惜，现在只剩下府山、塔山、蕺山三山鼎立，屹立城中。

清代著名文学家、戏曲家蒋士铨曾对绍兴古城的三山做过这样的描述:“种山列郡署,蕺山横讲堂。塔山植浮图,鼎峙而相望。”既写出了三山各自的特征,又写出了三山之间的关系。

12

府山。

夫府山者,越中之形胜,越城之眉目也。以盘旋回绕,峰峦逶迤,状若卧龙,又曰卧龙山。越大夫文种葬于此,故亦称种山,乡人不解,讹为重山。康熙南幸,驻跸于此,易名兴龙山。为纪念黄府公平寇之丰功伟绩,又易名为府山。

山因人显,人随诗现,诗从景出,景以诗传。无数高人雅士心驰神往,众多墨客骚人诗咏丹描,可谓史不绝书。

其人也,勾践、范蠡、文种、钱镠、范仲淹、秋瑾、孙中山、周恩来,皆为百世之范。

其景也,越王台、飞翼楼、蓬莱阁、满桂楼、仓颉祠、静胜寺、清白堂、稽山书院,堪称燕游之胜。

其诗也,张继《会稽郡楼雪霁》、元稹《以州宅夸于乐天》、钱弘倧《登卧龙山偶成》、蒋堂《闵山》、秦观《蓬莱阁》、陆游《蓬莱阁闻大风》、康熙《登卧龙山越望亭》,实乃珠玑之咏。

13

塔山。

塔山在古城的西南部,海拔才29.4米,但名气很大。越大夫范蠡所筑之城既成，琅邪东武海中“山一夕自来，故名怪山”，又称飞来山。也有认为因山上建有勾践观天象之怪游台，而称怪山的。又因山形若龟，称作龟山。山顶有佛塔，俗称塔山。

北宋名相王安石曾登临此山，并作《登飞来峰》诗：“飞来山上千寻塔，闻说鸡鸣见日升。不畏浮云遮望眼，自缘身在最高层。”这首诗大概作于他主持变法之前夕，表明了诗人不畏浮云的决心、等待日出的信心与登高望远的雄心。

14

蕺山。

蕺山是绍兴古城的三山之一，位于古城的东北角，因产蕺而得名。蕺是一种多年生草本植物，茎上有节，叶互生，结蒴果。茎和叶有腥味，所以又得名“鱼腥草”。越王勾践曾于此采食蕺草自励。

蕺山海拔才51米，比府山低23米，但文化底蕴十分深厚。因系王羲之别业所在，亦名王家山。后羲之舍宅为戒珠寺，故又名戒珠山。山上有蕺山书院，明代大理学家刘宗周、儒圣王阳明等曾于此讲学授徒。

现蕺山街道辖区内，有周恩来祖居、蔡元培故居、书圣故里、戒珠寺、八字桥、题扇桥、笔飞弄等诸多名胜古迹。

蕺山与府山、塔山，是绍兴这座有2500多年历史的古城的自然坐标、历史见证与文化缩影。而绍兴的其他山，又何尝不是充满了深厚的人文底蕴呢？

15

秀峰尖岗。

四明山层峦叠嶂，逶迤绵连，其中一山，独有景色与人文，那便是堆高山，山的最高峰称秀峰尖岗。

秀峰尖岗南侧有一小湾，远近闻名。有道是：秀峰有湾，溪流潺潺。左龙右虎，南水北山。闲云常驻，万物盎然。几多风光，独数小湾。

秀峰尖岗一方净土无纤尘，四时锦绣有繁花，高天冷暖蕴神秀，浓雾聚散凝精华，所产秀峰茶堪称天下一绝。

秀峰尖岗还有千年古刹秀峰寺：

秀峰尖岗，堆高山上。有道是、净土一方。千年时光，无量佛光。惜风雨交，星斗移，人事亡。改革开放，事业兴旺。时运转、重显辉煌。千古灵光，无限风光。盼天行健，地势坤，民安康。

16

前岗。

前岗是嵊州下王镇的一个小山村，海拔500米左右，岗上有泉，因而又名泉岗。

前岗云雾缭绕，土质肥沃，以产泉岗辉白茶而闻名。这泉岗辉白茶形如圆珠，盘花卷曲，紧结匀净，色白起霜，白中蕴绿，汤色清明，香气浓爽，早在清同治年间即已成贡品，民国时为全国名茶，今推陈出新，尤受青睐。

17

覆卮山。

覆卮山因南朝山水诗人谢灵运“登此山饮酒赋诗，饮罢覆卮”而得名，亦有人认为其是因形如覆卮而得名的。

此山在上虞、嵊州、余姚三地交界的上虞岭南，主峰海拔 861 米，为上虞最高峰，山上有冰川石浪、千年梯田、百年古村，还有绝色樱桃、云雾佳茗，是登高健身与一饱眼福口福的好地方。

18

梅山。

在绍兴市区，有一座独领水城秀色、独具文化底蕴的小山，那便是梅山。

梅山因东汉末年梅福（字子真）曾隐居于此而得名。它山体低缓、地势平和，水汽氤氲、薄雾弥漫，曲径通幽、藤树绵延，环境闲适、万物恬淡，鸟虫对话、水天一色，俨然世外桃源、福地胜景。

后唐时，山上建起了一座永觉寺。宋代释仲休《游梅山寺》诗中，有“阴阴松色连僧阁，飕飕波声入寺门。飞鹭衔鱼离浅濑，残云带雨渡遥村”的佳句，给人以无限美好的想象。

北宋时，知州程师孟登临梅山，在山巅建起了适南亭。陆游的祖父陆佃还专门撰写了《适南亭记》，文中称此：“有魁伟绝特之观……阖州以为美观”。

梅山多佳景，佳景伴人文。唐代著名文学家、道学家陆龟蒙，为我们留下了《梅山子真泉铭》。宋代的杨侃，元代的于石、张宪，清代的王诒寿，等等，都写过脍炙人口的题咏梅山的诗篇。

梅山，称得上是一方精神乐园。

19

兰渚山。

《越绝书》上称：“勾践种兰渚山。”这是我国古籍中最早、最明确的关于人工栽培春兰的记载。绍兴因此而成了中国春兰的故乡，渚山所在的漓渚与兰亭因此成了中国春兰的摇篮。

因为勾践曾在渚山植兰，所以后人将渚山改称为兰渚山，把兰渚山麓的驿亭称为兰亭，还把买卖兰花等花卉物品的集市取名为花街，集市所在地至今仍叫花街村。

由此看来，古人真的早已把名人效应、名人文化发挥到了极致。

20

勾乘山。

勾乘山，又名句无山，当年越与吴战，越王勾践兵败后，撤退至此。为迷惑敌人，勾践命士兵控制马匹倒退上山。追兵见到蹄印，误以为越兵已离开此地。勾乘山为越王勾践提供了栖息、喘息的机会，因而也称越山。这是一座使越国转危为安、反败为胜的神山。

勾乘山上有建于五代吴越天宝三年(909)的越山禅寺。

与勾乘山相连的道凝山，是道教全真龙门派诸暨祖庭的所在地。

勾乘山所在的牌头，还是中共早期革命英烈宣中华、张秋人和女红军钱希均的故乡，真是一个钟灵毓秀的好地方。

牌头之名，始于明朝。当年朱元璋的大将胡大海与元军在此激战，双方伤亡极大。朱元璋建立大明王朝后，于此设立了纪念牌坊，后人遂将此地称为“牌头”。

21

日铸岭。

绍兴古城东南15公里处的日铸岭，古时为会稽至台州、温州的陆上要地，也是绍兴南部山区百姓出山，经平水到城里的必经之地。

相传欧冶子为越王勾践铸剑，他处不成，至此一日而成，岭因此而名。日铸岭有石阶2000余级，岭顶有相传与大禹有关的禹井、碑亭、下马桥、上马石等遗迹。

唐宋之时，日铸岭所产之茶名闻天下，平水亦因此而成了远近闻名的茶市。

21世纪初，日铸岭隧道凿成，行人从此免去了翻山越岭之苦、之累、之不安全。今日之日铸岭，已经成了人们健身休闲的好地方。

22

印山。

位于兰亭里木栅的印山，长眠着越王勾践的父亲允常，这是一座见证了越国霸业史实的名山。作为1998年"全国十大考古新发现"的印山越国王陵，便建在印山之巅。

这是在中国南方发现的春秋战国时期的最大古墓葬，有迄今为止全国所见最大的古代独木棺，显示了2500多年前越国林木的茂盛、经济的繁荣、冶铸的发达与建筑的精巧。

允常是越国开国始祖无余1000余年后最有作为的君王，是越国霸业的开创者、奠基人。勾践正是在其父亲成就的基础上，成为越国历史上最伟大的君王的。

23

因越王勾践而得名的几座山。

越王勾践对绍兴的影响，真可谓广泛而深远，很多山名都与他相关。

吼山，在越城皋埠，又名狗山、犬亭山，是勾践当年的养狗基地。

豕山，在上虞东关，因勾践当年在此养猪而得名。

称山，在上虞道墟，又名青山，因勾践当年在此称炭铸剑而得名。

稷山，在上虞道墟，因勾践当年在此筑斋戒坛而得名。

金鸡山，在诸暨暨阳。鸡山，在上虞东关。二山皆因勾践当年在此养鸡而得名。

另外还有很多山。这些山，是绍兴发展的重要战略资源。

24

秦望山与望秦山。

这两座山，皆因公元前210年秦始皇巡越时曾经登临而得名。

秦望山在绍兴老城的正南15公里，北魏地理学大家郦道元在他的《水经注》中，称该山为“众峰之杰，陟境便见”；明朝开国元勋、军事家、政治家、文学家刘基，以“雾不开”来形容此山之高；明代心学大家王阳明在《题秦望山用壁间韵》诗中，称其“独出万山雄”。这也就难怪秦始皇不怕攀萝扪葛、屡仆屡起，奋力登临，以望南海了。

与秦望山相连稍北的望秦山，是当年秦始皇与群臣瞭望大秦江山、遥祭秦中祖先、祈愿国祚长久的地方。

可以想象，这位千古一帝，当时是何等的意气风发、气概豪迈，又是何等的饮水思源、心念旧恩，更是何等的壮怀激烈、奋发图强。

25

刻石山。

刻石山因当年秦始皇立会稽刻石而得名。

刻石山上览九州，李斯碑里写春秋。棋盘石中定乾坤，三十六郡统宇宙。

登上此山，可以感受秦始皇的雄才大略。

登刻石山，有多条路，条条难行，又条条同归。

荆棘丛生行路难，殊途同归信可以。一览并非众山小，只缘山外更有山。

杜甫登泰山，“一览众山小”，呈现的是伟人的气势。而登刻石山，“山外更有山”，展示的则是凡人的胸怀。

26

九里山。

会稽山中有九里山，山上有白云庵，庵旁有洗砚池，这里便是元代大诗人、大画家王冕晚年的隐居之地。

在这里，王冕远离朝政红尘，自受孤独寂寞，自筑“梅花屋”，自号

"梅花屋主",种粟养鱼,弹琴赋诗,饮酒长啸,卖画为生,乐山乐水,自给自足。

正是这样的生活,成就了王冕的清奇品格,使他成了绝奇梅痴、千古墨王。

"我家洗砚池头树,朵朵花开淡墨痕。不要人夸好颜色,只留清气满乾坤。"这是王冕的诗句,更是王冕的人品、风范,它长留在九里山上,更飘香在神州大地。

27

天姥山。

南朝谢灵运,是指挥淝水之战的名将谢玄的孙子,18 岁就承袭了康乐公的爵位,纵情山水。

谢灵运在仕途上到处碰壁,但他在中国古典诗歌史上,却获得了永生。

他活着的时候,就是诗坛领袖;他死后,更因开创了山水诗派,被人奉为一代宗师。

其实,谢灵运的"永生"结果与"宗师"地位,是天姥山成就的。天姥山就是谢灵运的"资料库"与"笔架山"。四时景色无限美,无数灵感源源来。正是在这里,谢灵运完成了他在中国文学史上开宗立派的历史使命。

天姥山的历史功绩还不止于此。在谢灵运之后,它更是吸引了一批又一批的文人墨客。诗仙李白虽不能亲至,但心向往之,迫不及待地写出了脍炙人口的《梦游天姥吟留别》;接着更是四进越地,留下了

26 首诗歌。杜甫 20 岁时来到这里,流连忘返达 4 年之久。仅有唐一代,就有骆宾王、贺知章、孟浩然、刘禹锡、白居易等 400 位左右的诗人来过这里,差不多占了《全唐诗》作者的 1/5。

28

铁崖山。

位于诸暨市枫桥镇的铁崖山,因崖石峻立如铁而得名,更因这里是杨维桢的少年读书处而扬名。

600 多年前,10 余岁的杨维桢被父亲“赶”上筑在铁崖上的万书楼,并被抽去连接地面所用的梯子,以辘轳传食。

在这山上,在这楼里,杨维桢苦读 5 年,学业有成。正是在这里的苦读,孕育了他的博大深邃与铁般风骨,为他成为元末著名文学家、书法家与诗坛领袖,奠定了基础。

29

绍兴特殊的地貌——台地。

绍兴台地,集中分布在新昌、嵊州一带,占市域面积的 5.6%。

台地因第三纪玄武岩多次喷发而成,海拔多在 150—400 米之间,顶部平缓,四周陡峻,宛若小高原,是绍兴的一大特色景观。

台地错落有致,土壤深厚,其上田地梯列,村落相望,既是百姓居住生活的好地方,又是生产“小京生”等特色农产品独一无二的好地方,难怪有“大旱勿愁,大乱勿忧”的谚语流传至今。

30

绍兴的火山地貌。

因中生代燕山运动而致的火山喷发，给绍兴残留了东白山等3座山顶较为平坦、锥形保存完整的死火山。

除了前面提到的秦望山，还有位于柯桥与嵊州交界处的五百岗。其为江南少见的火山群地貌，有多座火山锥，其中以海拔660米的雌鹅凸与海拔637米的雄鹅凸最为典型。

这是绍兴十分珍贵的自然资源。

31

丹霞地貌——穿岩十九峰。

“丹霞”一词，源自三国时期著名的政治家、文学家，曹魏开国皇帝曹丕的《芙蓉池作诗》：“丹霞夹明月，华星出云间。”

绍兴的丹霞地貌，集中分布于曹娥江及其支流冲积形成的河谷盆地两侧山地，峰岩高峻，景色秀丽，具有广阔的旅游开发前景。

新昌穿岩十九峰，峰峦挺秀，怪石嶙峋，竹木蓊郁，曲水回环，是浙江典型的峰林型丹霞地貌，13处人文景观与84处自然景观在这里交映生辉。20世纪末以来，很多武侠电影在此取景拍摄。现在，这里成了知名的风景旅游区。

32

浙东一绝“倒脱靴”。

在新昌的白岩附近，长约2000米、宽约200米的范围内，由多座紫红色角砾凝灰岩构成的石峰，围成一个深达100余米的巨大垂直岩洞，其中有一酷似倒搁在悬崖峭壁上的大皮靴的奇岩，人称“倒脱靴”，兀立深洞南侧，蔚为壮观，成为浙东一绝。

绍兴类似这种凝灰砾岩构成的假喀斯特地貌，还有越城区的香炉峰及其上面的飞来石、风动石、百丈陡壁、天桥等。

这些“天工”，是大自然给人类的恩赐。

然而，越山之宝，又何止这些呢？除了这些独特的自然风光，更有着丰富的生物资源。

33

中国最大的古桂花群——绍兴市柯桥大香林。

大香林还有一个充满诗情画意的名字——香林花雨。

> 千亩香林花雨满，千年古刹梵音传。真山真水真文化，
> 醉香醉美醉自然。

这是2003年建设大香林景区时我写下的诗句。

大香林里边，保持了原生态，还有建于公元950年的香林禅寺。

林中一棵1000多年树龄的桂树，根基径围4.3米，高18米，蓬径20.2米，遮阴面积有360多平方米，堪称桂花之王。

香林花雨

34

绍兴的古树名木真多。

2012年，绍兴市普查发现全市有100年以上树龄的古树，以及具有重要历史、文化、景观与科学价值和重要纪念意义的名木，总计84855株，占了浙江省总量的38.9%，占比居全省省辖市的首位。

这些古树名木中，最多的是香榧，呈群状分布，有72655株，占了

85.62%;其次是香樟,呈散状分布,有 2783 株,占了 3.28%。

有没有文化,首先看有没有绿化;有没有历史,首先看有没有古树;有没有名人,首先看有没有名木。绍兴绿化好,所以文化浓;绍兴古树繁,所以历史久;绍兴名木多,所以名人众。

35

绍兴的动植物繁多、珍贵。

绍兴多样的地理环境与温湿的气候,孕育了丰富的自然资源,尤其是繁多、珍贵的植物与动物。

植物,除了有国家一级保护植物红豆杉外,还有国家二级保护植物小勾儿茶、香榧树、七子花等。

动物,有梅花鹿、云豹、白颈长尾雉等国家一级保护动物,藏酋猴、鬣羚、黄喉貂、松雀鹰、蛇雕等国家二级保护动物。

36

爱屋及乌。

绍兴人爱山水,自然也就爱草木、爱鸟兽。

先人们对鸟的喜爱,达到了崇拜甚至神化为图腾的程度。

鸟,是人类最初生、最普遍、最重要的图腾之一。中华民族形成时期的重要图腾,便是鸟。

《尚书》《周礼》等先秦文献和儒家经典中,多有越人以鸟为图腾的记载。《史记》《水经注》《吴越春秋》《论衡》等书中,有关“鸟田”的大量记载,既说明了鸟在越人心目中的神圣地位与神奇作用,又说明了越地良好的生态环境,这或许是鸟对崇拜它的越人的一种回报吧。

越人以鸟为图腾,除了文献中有大量记载外,考古也经常有发现。河姆渡遗址与良渚文化遗址中,均出土了鸟形雕饰物等遗存。

越国时期的遗址中,出土了青铜大尾鸠、原始青瓷大尾鸠等铸塑物。

越人的鸟图腾之风,直至在越地出土的汉晋文物中,仍有反映,如青瓷鸟形杯、青瓷飞鸟谷仓罐等。

37

越人以鸟为图腾,有确凿的文字证明。

越地青铜器上发现的一种叫"鸟书"的特别文字,被认为是春秋战国时越人使用的文字。鸟书以篆书为基础,其笔画形如鸟的爪迹,风格独特,充分展示了越人的图腾崇拜、爱美之心与创造精神。

目前已出土发现的带鸟书器物共131件,其中越国60件,占了45.8%。特别是越国兵器上的铭文,全是鸟书;而礼器上的鸟书铭文,更是仅见于越国。

所以,越国是鸟书最为发达与流行的地区,充分表明了越人对以鸟为名的这种文字的情有独钟,称得上是爱屋及乌。

郭沫若先生认为,中国的文字以艺术品为习尚,始于鸟书。从这个意义上,我们可以说,中国文字从单纯的记事工具变为多彩的书写艺术，是由越人首创的，是从越地开始的。因而我们也可以说，越地是中国书法艺术的故乡。

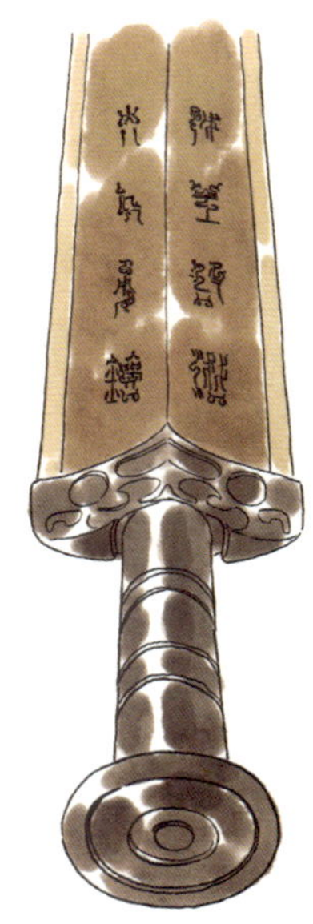

春秋越王勾践剑

38

越鸟南栖。

越鸟南栖这个成语，出自南朝梁萧统编的《古诗十九首·其一》："胡马依北风，越鸟巢南枝。"

从越地飞去的鸟,总是把巢筑在南边的树枝上。这或许是因为越鸟留恋故乡良好的生态环境和人们对它们的友好态度吧。

39

候鸟的“加油站”。

绍兴滨海湿地,凭借其静谧优美的环境和肥美丰腴的食物,成为东亚、西伯利亚飞往澳大利亚的候鸟们停歇的必经地、觅食的“加油站”,也成为雁鹄类等候鸟的越冬地。

根据当地林业部门的调查统计,每年有500多万只鸟从这里飞过,包括卷尾鹈鹕、小天鹅、震旦鸦雀等16目44科156种。尤其是鸻鹬类,在迁徙的高峰期大有遮天蔽日之势,场面极为壮观。其中好多还是世界濒危动物,如勺嘴鹬,在全世界也才100对左右。

绍兴的生态环境之好由此可见。

40

山高任鸟飞,山名多由人。

绍兴山多山高,鸟儿自然喜欢,儒、释、老庄又何尝不喜欢呢?他们与山水相亲,与林泉相伴,与鸟兽相善,既成全了自己,也成就了林山。

道教土生土长于中国,仙人所居的仙境,有洞天、福地等。

绍兴与道教颇有渊源。相传黄帝曾在会稽山之宛委山建候神馆,候神遗谶。大禹治水的宝典——金简玉字之书,即得于此。后来,这里成了越中历史上最负盛名的道观——龙瑞宫。唐代杰出乡贤、著名书法家贺知章手书的《龙瑞宫记》摩崖刻石，现已成为浙江省重点文物保护单位。

在绍兴，宛委山为道教第十洞天，沃洲山、天姥山、若耶溪、司马悔山分别为道教第十五、十六、十七、六十福地。

41

阳明洞天。

宛委山是会稽山的一大核心区，山势起伏，重峦叠嶂，林木丛生，岩崖奇危。

山上的龙瑞宫旁，有阳明洞天，明代王守仁曾在此结庐，修炼3年，了悟性情，因以为号，并以号行，足见此处对王阳明的影响有多么的深刻。

世人常以为洞天因王阳明在此修炼而得名。其实，至迟在唐代，白居易的《和微之春日投简阳明洞天五十韵》中，就已经有会稽宛委山阳明洞天之称了。

42

香林山上兜率天宫。

会稽山是我国最早的佛教真传地之一，也是布袋和尚的主要活动地之一，佛教文化的底蕴、弥勒信仰的基础，都十分深厚。

香林山是会稽山的支峰，坐落其上的兜率天宫，由南怀瑾先生题名，是弥勒佛的法身道场，堪称修行圣地。

兜率天宫的建设，足足花了12年的时间，其间几度停工、几多磨难。

自古好事皆多磨，名山成就亦坎坷。我佛弥勒重因果，究竟菩提萨婆诃。

笔者这首作于2009年的小诗，或许可以作为兜率天宫建设历程的真实写照。

43

香炉峰。

香炉峰之名，名副其实。峰顶有鸳鸯石，阻于路的中央，行人须绕石而过，如于二石间过，则仅容一人通行；其状如覆釜，又如香炉，因名。

香炉峰又称南镇会稽山，民间习惯上也将此峰作为会稽山的代称，为周围10公里内之最高峰，举目峰顶，远山近岭起伏连绵，田畴河湖纵横交错，是登高远眺的好地方。

香炉峰的地位十分尊崇，其西南9公里的印山越国王陵的墓道，便正对该峰。宋代著名文学家王十朋在《会稽风俗赋》中，以“香炉自烟”4字，写出了该峰的高峻。宋高宗赵构曾“远瞩稽山，思夏后之功”。王阳明在《登香炉峰次萝石韵》中，留下了“曾从炉鼎蹑天风，下数天南百二峰”的诗句。

香炉峰的炉峰禅寺，已有1500多年的历史，白居易、陆游、徐生翁、蔡元培、赵朴初等多有诗作、题额、题刻，现在是绍兴规模最大、香火最旺的寺院之一，有“越中佛国”之称。

登高、健体，怀古、礼佛，养性、修身，这里实在是再合适不过的了。

44

云门山之云。

绍兴千年名刹云门寺，以云门山而得名。而云门山之得名与扬名，皆因相传东晋安帝时，此山曾现五色祥云。

“云过远山翳，风至梗荒榛”；“潭空观月定，涧静见云多”；“新年芳草遍，终日白云深”；“云开上界近，泉落下方迟”；“白云日夕滞，沧海去来观”；“更疑天路近，梦与白云游”；“风吹叠巘云头散，月照平湖雁影低”……这些诗句，描写的正是云门山之云，特别多，特别高，特别持续飘拂，特别富有光彩。

唐太宗派萧翼计赚《兰亭序》真迹后，曾命在云门寺修行的王羲之七世孙、智永和尚的弟子辩才去京城陛见，辩才为此写了《赴太宗召》：“云霄咫尺别松关，禅室空留碧嶂间。纵使朝廷卿相贵，争如心与白云闲？”以云门山的高与闲，表明了自己志趣的高洁与闲逸。这是云门山之云造就的人生修养与境界。

唐代大诗人元稹在担任浙东观察使兼越州刺史时，曾陪好友、杭州刺史白居易专门来到云门山赏云，还作了《游云门》诗：“遥泉滴滴度更迟，秋夜霜天入竹扉。明月自随山影去，清风长送白云归。”他俩等到更迟霜重，终于如愿以偿，白云在清风的长送下，悠然而归。云之多，云之美，云之百态，活灵活现；人之清旷境界、清悠心情，淋漓尽致。

绍兴的山，就是与众不同。既独具魅力风韵，又常伴明月清风；既富含自然资源，又深藏人文底蕴。

45

“留得青山在，不怕没柴烧。”

越窑青瓷当年的主要燃料，是柴，更是树。千余年的烧制历史，是生产规模不断扩大、燃料使用量不断加大的过程。

隋、唐、五代十国、北宋时，越地饮茶之风大盛，茶叶需求大增，致使大量山地被辟为茶园。北宋末，越地等江南地区人口大增，不少山地被辟为耕地、农田。发达的生产技术、先进的生产工具，给这种辟山为地的行为起到了推波助澜的作用。

最终，历经了北宋神宗至南宋高宗五代的文人庄季裕在他的《鸡肋编》中记载，会稽已“有山无木”。

燃料的短缺，给了越窑青瓷致命一击，使越窑青瓷的衰落成为必然。

“留得青山在，不怕没柴烧。”已无青山在，当然没柴烧。这柴，是自然之柴、物质之柴，更是文化之柴、精神之柴。

历史上这种竭泽而渔、只顾眼前的教训，实在是太深刻了。

46

“出山”。

“出山”，是绍兴城乡至今仍然十分流行的一句方言。褒赞谁有出息，便称其“出山了”；贬抑谁无能耐，便称其“勿出山”。

绍兴的这句方言，或许与绍兴多山有关。走出闭塞的山区，走向平原、走向城市，自古就是山里人的向往与追求。

越人开始过的是山居生活，越王勾践走出山区，筑城强国，正是“出山”的最早、最成功的典范。

绍兴人出山，首先得到的，是水的滋润。

47

多水绍兴。

作为我国首批24座历史文化名城之一，绍兴以其悠久的历史、灿烂的文化和对中华民族的独特贡献而闻名于世。从根本上讲，这些都源于水，基于水，因于水。

江南水乡数绍兴，东方水城数绍兴。绍兴是江南水乡的最佳代表，“东方水城”是绍兴的最佳代称。水养育了越乡人民，也伴随着越地变迁，演绎着越中文明。

在绍兴8279平方公里的土地上，纵横交错着总长10887公里的6759条河流。这些河流加上大大小小的库塘、湖泊，使绍兴的水域面积达到了503平方公里，占了市域面积的6.08%。

其中的绍兴市区，水域面积 341.7 平方公里，占了市区面积的 11.55％还多。

作为中心城区的越城区，水域面积 74 平方公里，占了全区面积的 15％。

这样的水域面积，在国内外同类城市中，实属罕见。

水，因此而成了绍兴的灵魂与血脉，成了绍兴历史与文化的载体。

48

越水“四有”。

越之水，水中有人文。每个具体水体，江、河、塘、湖、水库、沧海，都有着深厚的人文底蕴。

越之水，水中有山色。越水的一大特色，便是与山为伴。山是分水岭，水是山之镜，水光山色，交相辉映。

越之水，水中有城乡。因为水，城是东方水城，乡是江南水乡。

越之水，水中有“油水”。每个具体水体，都是珍贵的资源；每个滨水地区，都具升值的空间。

伟哉，越水！

49

水绘就了绍兴的秀美。

江、河、塘、湖、水库、沧海，自然之水与人工之流，使绍兴这个水乡泽国，水光山色交相辉映，城市乡村竞相辉煌。

户户临水居，家家尽枕河。粉墙、黛瓦、石板，小桥、流水、人家。这是何等秀美迷人的景象。

50

水兴旺了绍兴的经济。

千百年来，越人以水为生，靠水致富。独特的水土环境，使绍兴成了我国稻作文明的发源地之一。

与水紧密相关，早在2500多年前的越国时期，养鱼便已成了越人重要的生产活动。

得益于富含矿物质的越水，越地酿出了堪称国酿、天下独绝的黄酒，成了中国黄酒的故乡。

受稠密水网的惠赐，越地成了我国丝绸文化的发源地和纺织之乡。

纵横交错的水网，还极大地方便了越人的交通运输。以发达的造船业和丰富的航海术为基础，越人成了我国最早面向海洋、走向世界的族群。

51

顽强的精神，开放的基因。

可以想象，越人在最早面向海洋、最早走向海洋、最早漂洋过海的过程中，一定付出了无数生命的代价。他们不畏艰险的精神、顽强不息的耐力、传播文化的功德，永远值得后人钦佩与崇敬、缅怀与学习。

今日绍兴所在的东部沿海地区，成为中国经济最开放、最发达的地区，正是因为这里的人民传承了越族先人的顽强精神与开放基因。

而这种地平天成的历史基础，是由大禹奠定的。

52

大禹治水故事的源头在越地。

大禹治水的故事，流传广泛，影响深远，在先秦时期的《尚书》《诗经》《左传》《国语》《论语》《孟子》《墨子》《山海经》《楚辞》《荀子》《韩非子》《管子》《庄子》和两汉时期的《史记》《汉书》《越绝书》《吴越春秋》等典籍，以及历代的地方志里，均有大量而确凿的记载。

这些记载说明，禹的出现，完全是时势造英雄的结果；大禹治水的故事，完全是天时、地利、人和综合作用的产物；故事的起源，正是越地，并且正好与卷转虫海退的时间相吻合。

53

大禹治水方法的源头在越地。

存在决定意识，物质决定精神，环境决定思想。不仅大禹治水的故事起源于越地，甚至连大禹治水的方法也导源于越地。

怎样的水环境，产生怎样的治水思想。正是宁绍平原河流短促、沼泽遍地的特殊水环境，才产生了疏导这种特殊的治水方法。

54

大禹是治水英雄，立国始祖，中华圣王。

大禹的历史遗产，集中体现在三个方面。

一是治平了洪水。大禹治平了滔天洪水，救万民于水深火热之中，他自己也因此而成了中华民族最伟大的治水英雄。

二是创立了国家。大禹得出了"水可立国"的真理，开创了中国历史上第一个王朝——夏朝，促进了中华大地的统一和中华民族的形成，他自己也因此成了立国始祖。

三是铸就了国魂。大禹在艰苦卓绝、空前伟大、播惠至今的治水与立国实践中，凝聚和铸就了以爱民、礼贤、律己、应变、求新为主要内容的大禹精神，以尊重自然、顺应时势、和合万民为主要内容的大禹文化。这种伟大的精神与文化，成了中华民族不可或缺的巨大无形资产、生生不息的强大文化基因，他自己也因此成了世代中华儿女无限敬仰的伟大圣王。

对于绍兴而言，大禹娶妻生子在此，治水毕功在此，大会诸侯在此，祭祀封禅在此，死后归葬在此，更是为绍兴赢得了享之不尽的无上荣光。

55

历代祭禹。

"江淮河汉思明德，精一危微见道心。"大禹以其光辉业绩与伟大精神，赢得了后世的崇敬和传颂，祭祀便是崇敬和传颂的具体而重要的体现。

历代祭禹，大体上分为五种情况。

一是天子亲祭。最早来会稽亲祭大禹的帝王是秦始皇，清代康熙帝、乾隆帝也曾来越地亲祭。

二是天子遣官致祭。其中最早的，是夏王启派遣的使者。清康熙二十一年(1682)至乾隆五十五年(1790)，遣官致祭的达25次之多。

三是诸侯与地方有司祭祀。

四是禹裔祭祀。

五是民间庙会等形式祭祀。

56

当代祭禹。

1995年4月20日，农历乙亥年谷雨，浙江省人民政府与绍兴市人民政府联合举行“浙江省暨绍兴市各界公祭大禹陵典礼”，这标志着中华人民共和国恢复了传承4000年之久的祭禹礼制。

从此，每年谷雨的祭禹活动，成了包括台湾同胞、港澳同胞、海外侨胞、大禹后裔等在内的中华儿女和八方来宾的共同节日。“北祭黄帝陵，南祭大禹陵”，成为中华子孙祭祖的两大盛典。

2006年5月，“大禹祭典”被列入第一批国家级非物质文化遗产名录。

2007年4月20日，中华人民共和国文化部与浙江省人民政府共同举行公祭大禹陵典礼，标志着祭禹上升为国家级的祭祀活动。

公祭大禹陵典礼现场

57

勾践治水强国。

越王勾践造就了越地第一个发展高峰，他是越国历史上最伟大的君王，在中华民族的发展史上也留下了浓墨重彩的一页。司马迁在《史记》中，称誉勾践“有禹之遗烈”。

勾践堪与禹比的丰功伟绩之一，是治水。他重视城市防洪、兴修平原水利、开凿人工运河、建设山区库塘、修建海塘、改造河渎，得出了“水可强国”的真理。

从大禹到勾践，越人通过治水，治出了一个地平天成的崭新世界，治出了一段称霸中原的辉煌历史，治出了一幅推进中华民族大融合、大一统的壮丽画卷。

治水是越地先人留给后人的最为宝贵的历史遗产之一。鉴湖的围筑，就是继承这份遗产的最生动具体的实践。

58

马臻太守筑鉴湖。

东汉永和五年（140），会稽太守马臻组织百姓筑成了播惠至今的鉴湖。

鉴湖由三部分组成。

一是围堤。以郡城为中心，东西总长63.5公里，加上南界的山麓线，总长89.5公里。

二是涵闸。主要用于排灌，包括斗门、闸、堰、阴沟4种。

三是水则。用于调节水位，计量排灌情况，保障湖堤安全。

鉴湖包括湖中洲岛在内，面积达206平方公里，具有蓄淡、拒咸、滞洪、排涝、灌溉、利航等多方面、综合性的功能，具有顺应自然、因势利导、设施齐全、构架完整的高水平工程技术特征。作为我国最古老的大型综合性水利工程之一，其堤坝之长、水面之广、设施之全、作用之大，堪称当时的世界之最。

鉴湖春早(俞小兰绘)

59

唐宋三杰咏鉴湖。

李白说:“镜湖水如月,耶溪女似雪。”

杜甫说:“越女天下白,镜湖五月凉。”

陆游说:“千金不须买画图,听我长歌歌镜湖。”

被这唐宋文坛三大杰出诗人先后如此指名道姓、集中讴歌过的人工湖泊、风景名胜,除了鉴湖(别称镜湖),恐怕再难找出第二个了。

镜湖水如月

60

绍兴运河，好运之河。

如果说鉴湖给越地带来了胜景与盛名，那么，运河则给越人带来了好运。

绍兴运河，位于世界文化遗产中国大运河最南端的浙东运河中间，她既是浙东运河的最前身，又是连接东西浙东运河的核心段，更是千百年来给越人带来源源不断财富的好运之河。

2500多年前，越王勾践修凿的“山阴故水道”，是我国最早的运河之一。

“山阴故水道”沟通了当时越国的首都（今绍兴古城）与东部军工基地“练塘”和粮食基地“富中大塘”等的水上联系，既使越地实现了历史上的第一次腾飞，又帮勾践成就了称霸伟业。

从此以后，这条不断往东西方向拓展延伸的水道的周围，一直是越中最富庶的地区之一。

61

秦始皇治会稽陵水道。

秦始皇对纳入大秦统一版图的故越地，采取了四条措施。

一是设郡管辖。设立以会稽山命名的会稽郡，还“更名大越曰山阴”，管辖越地。

二是亲巡越地。司马迁在《史记》中，称秦始皇“上会稽，祭大禹，望于南海,而立石刻颂秦德”。

三是迁徙人口。一方面,把中原及其他地方的人口迁进来;另一方面,把这里的越人迁出去。这样是为了更好实施对越地的管控。

四是修筑水陆通道。《越绝书》中记载,秦始皇在修筑“南极吴楚”越地的驰道的同时,“治陵水道到钱唐(‘唐’通‘塘’)越地,通浙江(今钱塘江)”。陵水道的意义在于贯通了春秋时期开凿的运河及太湖流域原有的自然河道,为后来的京杭大运河的形成奠定了历史基础。

62

贺循疏凿西兴运河。

西晋时,会稽内史贺循为家乡人民做了一件大好事——主持疏通西兴运河。

西兴运河的疏凿,是浙东水利乃至整个浙东发展史上的一件大事,对此后中国的政治也产生了重大的影响。

西兴运河沟通了郡城与钱塘江之间的水上联系,实现了会稽通江达海的目标,从而极大地方便了会稽的对外交流,为后来的晋室南渡和我国历史上第一次大规模的汉人南迁与多民族融合创造了交通条件,也为东晋时期“今之会稽,昔之关中”这种繁荣景象的出现奠定了交通基础。

值得一提的是,闻名天下的海上丝绸之路、海上瓷器之路,也是经由这条古水道而延伸四方,走向世界的。

63

运河载扁舟,诗路任悠游。

2014 年 6 月 22 日下午,在卡塔尔首都多哈召开的第 38 届世界遗产大会上,中国的“大运河”项目被列入世界遗产名录。其中涉及绍兴的,有绍兴段运河本体及八字桥、八字桥历史街区、古纤道三个点。这一个本体、三个点入遗,殊为难得。

岁密月稠,流长底蕴厚。诗路千年由扁舟,功德播惠神州。而今瞩目全球,万众跃跃欲游。但待殷勤呵护,更得景美人悠。

一叶扁舟,成就了流芳千古的浙东“唐诗之路”。而最初承载这扁舟的,正是绍兴运河。

64

于绍有恩的汤绍恩。

明代绍兴知府汤绍恩,是四川安岳人。他刚出生的时候,有位峨眉山的僧人路过他家门口,对他的父母亲说,来日有个叫绍兴的地方,将承蒙你儿子的恩德。于是,他父母给他取名“绍恩”,取字“汝承”。这位僧人的预言,后来真的得到了应验。

这个故事,真真实实地记录在《明史·汤绍恩传》中。

汤绍恩为绍兴建了三江闸,使萧绍平原免遭近500年的水患,是一位名副其实的于绍兴有恩的好官。

三江闸长103.15米,历经6次大修,至今固若金汤,是我国现存规模最大的砌石结构多孔水闸,也是世界上最早利用水文设施——水则碑进行定量调度水资源的古代水闸,代表了我国传统水利工程建筑技术和管理的最高水平。

65

乡民割田建湖。

绍兴作为江南水乡、鱼米之乡,是在千百年来官民勠力治水中形成的。

唐穆宗长庆二年(822),上虞永丰(今小越)、宁远(今谢塘)、新兴(今崧厦)等五乡之民,割己之田,建成了水面面积达40多平方公里的夏盖湖,成为当时浙东地区仅次于鉴湖的第二大人工湖。

割私田、建公湖,越地百姓的水利自觉,由此可见!

夏盖湖及相应的沟渠设施,有力地促进了当地的农业生产,使这里成了"日产黄金方寸"的一方宝地。

只是很可惜,清光绪前后,夏盖湖在历经千年的废复后,最终湮废消亡。

66

戴琥治越重治水。

江西浮梁(今景德镇)人戴琥,以明朝南京监察御史出为绍兴知府,驭下严,性恭俭,恤民疾,尤重水利,后来官至广西布政司右参政。戴公为绍兴做了四件大好事。

一是治理常遭盐渍和易发洪水的钱清江,基本消除了海潮与山洪的影响。

二是制订山会水系的管理规则。针对山会(山阴、会稽)平原上河湖水位和涵闸启闭调控管理混乱的情况,在府城内佑圣观前河中建立了水则——水位尺,还在观内设立了山会水则碑。

三是疏浚清白泉,撰写复泉记。根据范仲淹的《清白堂记》,复其清流,撰成《复清白泉记》,讲述诚者物之始终的道理,倡导以诚治泉,以诚待人。现在的清白泉保护得很好,戴公碑与范公碑立在一起,成了教育人们的好教材。

四是撰成《水利》专著。戴琥在任上始终坚持以治水为要,在实践的基础上,撰成了图文并茂的不朽专著《水利》。今戴琥的水利碑与山会水则碑一起,完好保存于大禹陵内,成为珍贵的历史文物。

戴琥知越九载,功名永垂,后人将其列入名宦祠供奉,祠内曾有柱联相赞——“千载蒸尝刘母庙,三春杨柳戴公堤”。有朝一日恢复“戴公堤”之名,似杭州西湖之苏堤、白堤,将是对戴公的极好纪念,亦是对后来人的极好教育。

67

南大吉治越“三政”。

南大吉是陕西渭南人，进士，以户部郎中出知明代绍兴府3年。南公性情豪宕，尚友讲学，雄于文事，师从哲学家、政治家、军事家、文学家王阳明，治越期间，颇多建树。

南公治越的“三政”之首，是治河道。他疏浚运河、府河、若耶溪，复原富豪所占埠头、踏道等，为百姓称道。

“三政”之二，是兴教化。他创蕺山书院，推王阳明为会试举主，择所辖八邑才俊弟子入书院，月给廪饩，盛况空前。组织重修禹王庙；亲书“大禹陵”三字，建亭立碑，这就是至今矗立的大禹陵石碑、石亭；兴建大禹陵园，形成了大禹陵陵园的风貌。

“三政”之三，是征豪强。对豪强所占河岸、河道及私搭乱建，悉拆除复原；对官府素未治之窝盗致富者，悉抓捕下狱；对被诬之属吏，悉为之洗雪。合郡由是大治。

68

俞卿治水知越。

有清一代的绍兴知府中，俞卿称得上是颇有为的一位。他性格刚烈果敢，为政清廉俭朴，执法公正严峻，知越12年，治水修城，重文兴教，惩强扶弱，八邑震肃，百姓称誉。其所作所为，尤其表现在治水与兴学上。

一是筑海塘。他带头捐俸，主持筑成山阴、会稽、上虞三县沿海石塘，终“成百世之大利”，使“边海数十万户有更生之庆”，“民共为之祠”，并将海塘“名之曰‘俞公塘’”。

二是治府河。到任后的当年冬天，俞卿即下令清淤，规定深必得三尺，广必及两岸，以各城门为起点，以一里为程，分段包干，干水作业，居民挑掘，官府清运，城乡共役。同时，在不到一个月时间里，尽行拆除各类乱搭乱建，还立禁造城河水阁碑，就长效问题做了明确规定。

三是兴教育。他捐俸修理扩建明末刘宗周讲学之蕺里书院，置田延师讲学，题名“蕺山书院”；大修学宫，使之成为“浙中诸庠第一”；还与会稽知县张我观一起，修葺刘宗周讲学的证人书院，并题额“会稽县义学”，置田二十亩为馆谷。他对教育的关心，称得上无微不至。

四是修府城。他下令街衢以石碑坊为界，对乱搭建、乱设摊、乱占道等问题进行集中整治。与此同时，他还补颓废，易朽坏，固筑城墙，修筑陆门与水门。

俞卿曾经说过：“事有当为而不为者，因循废弛，贻数万人之害，丧数十倍之利，至数十年而不可救，山阴之海塘是也；有不可为而不得不为者，勉强拮据，尽心力为之，不避怒，不畏难，若有天焉，默相其成，俾民去其害，而更收其利，则山阴易石之海塘是也。”

当为不为，几多危害；难为而为，利益自来。俞公的这段话，语重心长，既是他呕心沥血理政的真实写照，也是他奋发有为利民的经验之谈，更是留给后来者的宝贵遗产。

69

太守清，河水清。

俞卿离任 66 年后，即清乾隆五十五年(1790)，绍兴又来了位叫李亨特的好知府。

李公治越，弘扬先贤遗风，也是从治水开始的，并且首先从治理环城河开始。他发布《禁造城河水阁示》，并予刻石立碑；采取自拆与强拆相结合的办法，在短时间内拆除了非法搭建的74座水阁、4座石桥与8座木桥。

与此同时，他还组织开展清淤疏浚工作，治理污水源头，整顿街面路口，城河为之一新，河水为之一清。

李亨特知越3年，百姓"以为俞太守再见于今"，给了他"太守清，河水清"的极高赞誉。

正是在戴琥、南大吉、俞卿、李亨特等贤牧良守的领导下，越地百姓顺应自然，爱水护水，治水利水，建成了自己的鱼米之乡。

70

地貌加水利成就鱼米之乡。

绍兴的地貌特征有二。

一是丘陵地形较多，生物资源丰富，生物多样性明显，水能蕴藏量较大。

二是平原水面多，地势平坦，土地肥沃，水网密布。

这种地貌，为农、林、牧、副、渔各业的发展，提供了先天的优良条件。

这种地貌加上历朝历代的持续治水，化水患为水利，更为农、林、牧、副、渔各业的发展，提供了后天的有力保障。

可以说，绍兴成为鱼米之乡，与良好的天赐地貌和持续的水利建设，有着直接的关系。

71

鱼米之乡,鱼在先。

靠山吃山,靠水吃水,自古皆然。越人最早的生存活动,除了采撷植物果实,便是渔猎。渔与猎比,既简便易行,又较少危险,因而成为古越人的主要生产方式与主要食物来源。

所以,将鱼放在米之前,称越地为鱼米之乡,实在是顺理成章的事。

越地先民捕鱼为生

72

范蠡首创挖塘养鱼。

今绍兴市越城区鉴湖镇的盛塘村与秦望村，是 2500 多年前越王勾践的大臣范蠡开挖建设坡塘(上池)、南池(下池)的所在地。

正是在这里，范蠡开创了我国人工淡水养鱼的先河。其《养鱼经》一书虽已亡佚，但主要内容仍被辑存在北魏贾思勰的《齐民要术》卷六当中。

73

渔，从手扝到网捕。

捕鱼，绍兴人至今仍叫“扝鱼”，这是典型的越地方言。

将“手”“可”两个字合而为一，成一个“扝”字，表达的正是用手可以捕到鱼的意思。这种用手扝鱼的方法，自然要比《周易·系辞》中记载的“作结绳而为网罟，以佃以渔”的网捕法早得多。

74

从“鱻”到“鲜”。

“鲜”，古字原为“鱻”，以鱼来表示味道的鲜美、食品的鲜活，后来还引申为事物的新鲜。

清代段玉裁在《〈说文解字〉注》中认为，“自汉人始以鲜代鱻”。

“鲜”字集南“鱼”北“羊”于一身，是中华民族大融合的写照。但从鲜美、鲜活、新鲜度看，远不如原来的“鱻”字来得形象贴切。

75

鱼对绍兴的人文影响可谓大矣。

鱼的异常活动，成了越人预测气象变化的依据。如“游鱼跳水有大雨，水鱼巡边刮大风”“傍晚池鱼跳，明朝大雨到”。

鱼是富贵、吉祥的象征。绍兴人至今仍取“鱼”的谐音“余”，视鱼为“年年有余”“吉庆有余”的象征。

讲述鲤鱼精追求爱情的故事的越剧《追鱼》，长演不衰。

清康熙年间，诸暨王家井凤仪楼村村民楼环百，将弟子送给他的两条长 2.52 米、径围 0.36 米的巨鲸肋骨用作房子的后梁，称该屋为“鱼梁书屋”。

由鱼而旁及其他水族，越谚中称“十月泥鳅泛肚皮，勿及鸡叫东风起”，又生发出寓意小、精、诚的“螺蛳壳里做道场”的谚语。至今，绍兴人仍将街边的小食摊称为“螺蛳摊”。

76

鱼米之乡，米不落后。

从 10000 年前的小黄山稻谷遗存，到约 7000 年前的河姆渡遗址多达 120 吨的碳化稻谷和谷壳，表明越人从渔猎社会进入了农耕社会。

因此，称越地为最早的鱼米之乡，是名副其实的。

鱼米之乡数绍兴，粮食文化底蕴深。而今工业虽繁盛，仍然不能忘根本。

这是今天的越人应该记取的吧。

77

桥都绍兴。

越人治水，不仅治出了鱼米之乡，还治出了水城桥都。

水多必然桥多。绍兴民间就有“出门坐船，抬脚过桥”之说。

清光绪年间，当时7.4平方公里的府城内，有河道37.07公里，石桥229座，平均每平方公里有桥31座。绍兴的这一桥梁密度，是清末时苏州城的2倍、第二次世界大战前威尼斯的45倍。

由此看来，称绍兴为中国古桥博物馆，是理所当然的；称绍兴为中国桥都，是顺理成章的；称绍兴为世界桥乡，也是恰如其分的。

桥都绍兴（陈剑宇绘）

78

越桥有成人之美。

世以何为至美？成人之美也。何谓成人之美？遂人之所愿也。人之所愿或千或万，然终不离心想事成之宗，桥如是也。修桥铺路，功德无量。古人之言，信哉！

夫越地多水，河流成网，故而素尚建桥；冶炼领先，手工发达，故而向善建桥。

越桥有三美，量多而成时人之美，史久而成后人之美，艺高而成行人之美。

借此，越桥终成越中一绝、中华瑰宝，实属举国罕觏，神州少见。伟哉，伟哉！

79

越桥有史久之美。

自百官候舜之舜桥——百官桥、勾践请功之灵汜桥以降，桥风绵延，代盛一代。

《太平寰宇记》等载，昔时舜避丹朱于此，百官候之，因名舜桥亦名百官桥，人称“天下第一桥”。

另据《水经注》载，灵汜桥乃越地最早见诸文字记载之石桥。唐李绅、元稹等亦多有诗咏。

80

越桥有量多之美。

宋嘉泰《会稽志》载时之名桥201座,明万历、清乾隆《绍兴府志》分录时之古桥382座、551座,清光绪《绍兴府城衢路图》标有府城桥梁229座。

今据普查,绍兴尚存百年以上古桥703座。

茅以升先生谓中国古桥“几尽见于此乡”,陈从周先生称“万古名桥出越州”。

81

越桥有艺高之美。

曰形态,竹、木及石柱、石墩、石伸臂等梁桥,琳琅满目;折边、半圆、马蹄、椭圆、悬链线等拱桥,应有尽有;碇步、浮桥、吊桥、闸桥、廊桥、水门、水阁、纤道桥、避塘桥、梁拱组合桥等特种桥,风情万种。

曰雕凿,栏板、望柱与抱鼓,榫卯紧扣;亭、牌、碑与桥,浑然一体;龙、狮、鹿、麒麟、蝙蝠、鲤鱼等造型,栩栩如生;花草、云雷、绶带等纹饰,寓意祥瑞。

曰文书,名、联、诗、词、记,字字珠圆玉润;篆、隶、楷、行、草,个个堪作楷模。

曰景观,结构、布局与技术单象形式之美,可谓美不胜收;桥梁自身及与周边环境协调之美,恰似美女簪花。

绍兴漫长的桥史,形成了丰富的桥俗。

82

方言谐音,序桥数量。

一大木桥(方言中“大”有第一之意)、二凤仪桥(方言中“二”与“仪”同音)、三三脚桥、四螺蛳桥(方言中“四”与“蛳”同音)、五鲤鱼桥(方言中“五”与“鱼”同音)、六福禄桥(方言中“六”与“禄”同音)、七蕺山桥(方言中“蕺”与“七”谐音)、八八字桥、九酒务桥(“九”与“酒”谐音)、十日晖桥(方言中“十”与“日”谐音)。

八字桥(赵柠檬绘)

83

捐资建桥，立碑记事。

绍兴的桥梁，除官府组织建造的外，一般由地方族长、乡绅发起，群众集资建造而成。

桥建成后，多会在桥的相关构件上刻上年号时日、匠人姓名；也有请名人记叙建桥过程，在桥头专立石碑的，如陶望龄的《渡东桥记及铭》、徐渭的《史氏桥记》等。

这些铭刻碑记，既能教益时人，又能启迪后人；既有历史资料价值，又有文学艺术价值。

84

桥头立市，桥旁聊天。

在绍兴，桥梁建成后，桥头往往也成为水运的码头与陆路的结点，由此人员不断集聚，以至渐成街市、集镇，一些乡镇地名也相应而来，如柯桥、下方桥、谢家桥等。

绍兴人还喜欢在桥旁闲聊，因为这里人流量大，信息多，市面灵（方言，意为消息灵通），“天上天下，不如大善桥下”“游遍天下，不如东浦大木桥下”等谚语，正是这种现象的写照。

85

建桥设亭,廊桥结合。

绍兴的很多桥都建有桥头亭,八角的、四角的,五花八门。

这些亭,主要供行人憩息、赏景、避雨、躲风,有的还配有碑、联、额等,兼具增闻益智的功效。

更有意思的是,还有在桥上建亭、廊的,既节约了土地,又丰富了桥的功能。

绍兴人的创意水平,由此可见。

桥上建亭,可驻足赏景

86

取名讲究，寓意深刻。

绍兴人对于怎么建桥很讲究，对于给桥取名也很讲究。

总体而言，给桥取名的寓意，不外乎吉祥如意，如太平桥、安宁桥、称心桥、万福桥、进禄桥、万寿桥、长生桥、永和桥、广济桥、保善桥等。

这些吉祥如意的名字，既反映了绍兴人的聪明智慧，也寄托着人们对美好生活的向往。

87

建管并举，庙庵护桥。

绍兴不少桥的旁边，往往同时建有寺庙庵堂，作为桥梁的配套工程。

这些寺庵，不同于其他寺庵的一大职能，是管理建桥所余的资金等，并与日后的香火钱结合在一起，用于桥梁的日常维护与管理。

放眼长远，不只顾眼前；系统谋划，不简单从事；举一反三，不就事论事——这正是绍兴人行事之高明所在，也是诸多古桥保存并沿用至今的一大法宝。

88

我国城桥魁首八字桥。

位于绍兴古城内的八字桥，架于三河交汇处，以两桥相对而斜、状如八字而得名，至少已有800年的历史。八字桥至今完好，并可正常通行。

八字桥是我国桥身有文字标志的最古老的城市桥梁，堪称城桥之魁首，并由此而成为国家级重点文物保护单位、世界文化遗产。

同样架于三河交汇处而又保存完好、仍在使用的，还有绍兴城南栖凫村的三接桥。该桥建于清末，一桥通三岸，桥面呈“丫”字形，姿态自然，意趣横生，现为绍兴市级重点文物保护单位。

89

绍兴现存最早最长的立交桥。

位于绍兴古城内的广宁桥，有专家研究认为建于唐代，是绍兴现存最早、最长的七折边拱古代立交桥。广宁桥上通行人、车马，下通船只、纤夫，目前仍然完好无损，甚至连汽车都还在通行。

如此建筑质量，堪称一大奇迹。

90

嘉绍大桥获世界桥梁界的“诺贝尔奖”。

嘉绍大桥因大桥与大海、大潮完美融合的结构设计，于2016年荣获第32届国际桥梁大会古斯塔夫·林登少(Gustav Lindenthal)金奖。

嘉绍大桥为杭州湾跨海大桥，南起绍兴上虞，北至嘉兴海宁，2008年12月14日开工，2013年7月19日通车，全长10.14公里，桥面宽40.5米，双向8车道，设计时速为100公里，系世界上最长、最宽的多塔斜拉桥，是桥乡绍兴的又一大杰作，是绍兴“接沪”的一大捷径。

如果说水乡必定成桥乡是一个历史结论的话，那么，佳水必定育佳酿，是又一个历史结论。

91

鉴水最宜酒。

以鉴湖水为代表的越水，是成就越酒——绍兴黄酒的独一无二、无可替代的“圣水”。

清人梁章钜在《浪迹续谈》卷四的《绍兴酒》篇中，专门写道：“今绍兴酒通行海内，可谓酒之正宗……盖山阴、会稽之间，水最宜酒，易地则不能为良，故他府皆有绍兴人如法制酿，而水既不同，味即远逊。”“水既不同，味即远逊”，梁章钜此话，可谓一针见血。

科学检测表明，鉴湖水中部分微量元素的含量，高出一般地下水或地表水多倍。

正是这自然天成的鉴湖水，成就了天下独绝的绍兴酒。

92

越酒与越糯。

绍兴民间素有“老酒糯米做”之言，说的是越糯与越酒有着与生俱来的联系，是仅次于鉴湖水的酿造越酒的重要原料。

这是因为，越糯具有淀粉含量高、黏性强、易蒸煮发酵、出酒率高等优点。

越糯与越水珠联璧合，成了越酒的天然原料。

93

舜江是绍兴人的母亲河。

4000 多年前,舜避丹朱之乱,来到越地,留下了上虞、百官等地名和舜山、舜井、舜田等遗迹,后人还建了舜王庙、大舜庙纪念他。以舜的名字命名的舜江,也因此而成为哺育了一代又一代越中儿女的母亲河。

94

白马湖因何得名?

上虞白马湖,创始于东汉马臻太守筑鉴湖的前后。关于湖名的来历,有两个说法。

一是北魏大地理学家郦道元在《水经注》中记载:“白马潭,潭之深无底。传云:创湖之始,边塘屡崩,百姓以白马祭之,因以名水。”

二是南朝陈夏侯曾先《会稽地志》中载,湖“深处可二丈。汉周举乘白马,游而不出,时人以为地仙,白马湖之名由此”。

不管是哪个版本,白马湖充满神秘色彩这一点,是共同的。白马湖三面皆山,由三十六涧之水汇合而成,水面最宽广时达 6 平方公里多。这样的一个环境,充满神秘色彩,也是自然而然的。

95

名湖滋养名校。

近2000年的历史积淀，使白马湖成了环境幽雅的人文胜地。1908年，湖畔建起了春晖学堂，后来发展成为有“北南开、南春晖”之誉的春晖中学。夏丏尊、朱自清、丰子恺、李叔同（弘一法师）等著名学者，尝执教于此。而今，这些名家的故居仍然得到了较好的保护。

白马湖滋养了百年名校春晖中学，春晖中学为今天的白马湖增添了新的光彩。只可惜，现在的湖面已不及原来的十分之一了。

96

东湖。

东湖在绍兴古城东边箬篑山（俗称绕门山，又名鸟门山）的北侧，因古人开山取石而成峭壁深潭。宋熙宁时，陆游祖父、尚书左丞陆佃尝于此结楼著书。宋咸淳间，会稽王英孙于此建书院，并以己之别号“修竹”命名。清光绪年间，邑人陶濬宣于此购地建园，东湖遂与杭州西湖、嘉兴南湖并称为浙江三大名湖。

千古一帝秦始皇巡越时，相传尝于此饮马。孙中山先生曾于1916年亲临其中的陶社，致祭辛亥烈士陶成章。伟大领袖毛主席也曾亲临视察。郭沫若先生还现场作诗相赞：“箬篑东湖，凿自人工。壁立千尺，路隘难通。大舟入洞，坐井观空。勿谓湖小，天在其中。”

97

中国“2016有影响力十大水利工程”之一钦寸水库。

钦寸水库是浙东引水、水资源配置及曹娥江防洪治理的重要工程，其主体工程由水库与引水隧道组成。水库坝址在新昌，通过28.18公里的隧道，与宁波的亭下水库连通，总库容2.44亿立方米，2016年被评为全国“有影响力十大水利工程”之一，2017年初正式下闸蓄水。2020年6月19日，钦寸水库正式向宁波输水。

98

东浦因何名天下？

东浦因史而名。陆游的《剑南诗稿》卷一《夏夜泛舟书所见》中，有“两桨去摇东浦月，一龛回望上方灯”句；卷七十四《舟中作》中，又有“东浦菰蒲合，南庄桑柘繁”句，并自注“皆村落名”。由此可见，东浦之名已经有了近千年的历史。

东浦因水而名。作为典型的江南水乡，这里有72条小河，又有72条弄，古镇中的人们大多临水而居，至今仍较完整地保留着水乡风貌。

东浦因酒而名。中华国酿，源远流长，全赖稽山鉴水；黄酒故里，地灵人杰，真乃风华胜境。得益于丰富的水资源，便捷的水陆交通，这里素有“绍兴老酒出东浦”“东浦师傅绍兴酒”的美誉。而今，又在此得天独厚的基础上，规划建设中国黄酒小镇。

东浦因人而名。这里的三山地区，是陆游的故里。而今陆游故居已经修复，可望成为人们见贤思齐、休闲旅游的好地方。辛亥革命烈士徐锡麟也出生于此。人们为了纪念这位先烈，将镇上的一条主要马路命名为锡麟路，还将镇上一所学校命名为锡麟中学。

东浦古镇一角（董姝甜绘）

99

风光佳绝数五泄，佛门精进终无疆。

诸暨五泄，以山水得名。当地人称瀑布为泄，此处一水折为五级，故称“五泄”。

五泄这个地方，融古刹、湖光、秀峰、幽谷、奇瀑于一体，既有绝佳风光，又有清幽佛门，是国家重点风景名胜区。

尤其值得一提的是，这里有始建于唐元和三年(808)的五泄禅寺。禅宗曹洞宗的创始人良价，便是五泄禅寺创始人灵默的弟子。

而今，古刹重辉。唐良价的“五泄咏别”诗碑，宋王十朋的“天下奇观”题匾，明徐渭的“七十二峰深处”题刻与陈洪绶的“三摩地”题额，以及今人赵朴初的“精进无疆”题匾，等等，益放光芒。

100

古纤道。

古纤道，又称运塘道、纤道、官塘、新堤等，始自古时山阴城西北的迎恩门，止于萧山西陵，筑于运河中的南侧与运河南岸，是专供背纤者行走的小道，也是船只躲避风浪的屏障。

西晋时已有古纤道雏形，唐代浙东观察使孟简筑成土堤型纤道，明代山阴知县李良改用石砌，后明代僧人圆澄，清代邑庠生余国瑞、乡绅章文镇与章彩彰等都曾出资发起修缮。此后，不断得到维修保护。1988年1月13日，被国务院公布为绍兴县(今绍兴市柯桥区)第一处全国重点文物保护单位。

而今，古纤道早已失去了往昔的功能。但它作为越中水乡的一道美丽风景，成了人们追忆历史、感受乡愁、休闲旅游的好地方。而它身上蕴含的越中先人善借外力、躲避灾难的智慧，顺应自然、尊重气象的意识，更是永远值得后人学习。

101

绍兴的汛期。

绍兴的先人们早在秦汉时期，就已发现了“江南卑湿”的规律，掌握了很多汛期知识，并探索出了丰富、实用的防汛措施，如建设古纤道、避风塘等。

现在，每年的4月15日至10月15日是绍兴的“法定汛期”。其中4—6月一般为梅汛期，7—10月一般为台汛期。绍兴的降水量多集中在这两个时段，大约占年降水量的70%。

“黄梅时节家家雨，青草池塘处处蛙。”南宋大诗人赵师秀的诗句，描写的正是江南梅汛期的景象。

台汛因台风而致。自有现代气象记录以来，与绍兴有关的台风，大体上有三个特点。一是产生影响的时间，一般在双休日等节假日。二是登陆的时段，往往在后半夜、凌晨。三是由于地形优越，加上防范工作严密充分，常常有惊无险，损失较小。

102

谚语中的梅雨。

“发尽桃花水，必是旱黄梅。”说的是4月与6月的天气有某些相关性，若4月多雨，6月梅雨便会偏少。

“夏至落雨做重梅。”说的是夏至下雨，说明冷空气还有一定的势力，阴雨天气便会增多。

“小暑一声雷，倒转做黄梅。”说的是小暑时节已进入盛夏，若打雷则表明北方冷空气势力较强，与当地的暖空气交汇，易出现阴雨天气。

谚语是民间广为流传、言简意赅的短句、韵语，是人们对生活与生产经验的深刻总结，是自然现象与社会现象的规律性反映。这种总结与反映，只有在漫长的岁月中细心观察、悉心提炼才能完成。越中多俗语、谚语，越人善观察、提炼，由此可见。

103

好气候帮助绍兴人“成气候”。

绍兴有一句夸人的话，叫作“成气候”。这“成气候”，在很大程度上得益于绍兴的好气候。这好气候便是最原始的“天时”。

绍兴特殊的地势、地形、地貌，加上所处的亚热带季风气候区，使绍兴形成了季风显著、四季分明、湿润多雨、温和宜人的气候特征。年平均气温 17℃，降水量 1500 毫米，全年晴阴天 250 天左右，年平均风速每秒 3 米左右。

这种宜人的气候，自然是十分有利于人的生产生活、生长发育与聪明才智的发挥的。

104

寰球同此凉热。

全球气候变暖，绍兴也不例外。据 2018 年 2 月 24 日的《绍兴日报》报道，2016 年与 2017 年，是绍兴历史上最热的年份。

这两年，绍兴平均气温均为 18.2℃，比往年高 1.3℃，比 2015 年高 0.7℃，比 2007 年高 0.1℃，成为绍兴自 1972 年有现代气象记录以来的最高峰，也是自 1997 年以来连续第 20 个、第 21 个偏暖年。

2016 年，全市最高气温在 35.0℃及以上的高温天数平均达到 36 天，比往年平均多 8 天。全市极端最高气温为 7 月 29 日新昌气象站观测到的 40.2℃。

2017 年，全市最高气温在 35.0℃及以上的高温天数平均达到 50 天，比常年平均多 22 天。全市极端最高气温为 41.2℃，出现在 7 月 23 日的诸暨站和 7 月 24 日的诸暨站与新昌站。

105

绍兴真是物华天宝之地。

这里有得天独厚的自然环境。温和的气候，适中的雨量，肥沃的土地，丰富的资源，使得兰花、茶叶、香榧等地方物产品类众多，源远流长。

这里有勤俭朴素的民风习俗。创业的传统，吃苦的精神，精明的谋划，丰歉的兼顾，使得小酱瓜、霉千张、茴香豆等地方特色产品琳琅满目。

这里有层出不穷的名人名家。人、物的佳话，美丽的传说，美好的故事，相映生辉，使得黄酒、青瓷、铜镜等诸多地方产品，除了充满浓浓的乡土味外，更有了深厚的历史文化底蕴，散发出与众不同的魅力。

106

青瓷故乡。

瓷器是“四大发明”之外，中国又一在人类发展史上具有开天辟地意义的伟大发明。

人类最早的瓷器是青瓷，青瓷的源头在中华越地，源头的中心在绍兴上虞。以先秦越国中心故地命名的越窑，是起源最早、规模最大、种类最全、纹饰最繁、烧制时间最长、影响最为广泛深远的青瓷窑系。

从陶到瓷，从原始瓷到成熟瓷，越窑青瓷诞生的意义，不亚于从猿到人。她的成长与壮大，有力地促进了人类的文明进步。这是越人为人类文明做出的划时代的贡献。

107

茶圣赞越瓷。

“碗，越州上”；“瓯，越州上”；茶，“越州上”。这是我国唐代茶圣陆羽在他的不朽著作《茶经》中发出的赞叹。

得益于唐代皇室崇茶、士人扬茶、释道重茶、商人卖茶、举国饮茶的社会背景，越州以制瓷与产茶的双重独特身份、瓷源所在地的无与伦比的优势，率先成为唐代上等瓷茶具的制作中心。

108

秘色瓷。

唐代越器的集大成者和杰出代表，是光芒四射、神秘莫测的秘色瓷。

秘色瓷秘在历时长久。从文献记载与考古发现判断，秘色瓷始制于 9 世纪初，终烧于南宋初年，共烧制了 400 年左右。

秘色瓷秘在千峰翠色。晚唐诗人陆龟蒙在《秘色越器》中写道："九秋风露越窑开，夺得千峰翠色来。"1987 年，在陕西扶风法门寺真身宝塔地宫出土的 14 件秘色瓷上，便充满了这种似千峰般变幻莫测、令人着迷的神秘之色。

秘色瓷秘在官方背景。一方面，作为越窑青瓷珍品的秘色瓷，大都为皇宫与官府所用。另一方面，有关的文献与出土实物上，常常可见"御窑""贡窑"等字。特别是"官窑""官样"等其他与"官""监"相关联的词告诉我们，在御窑、贡窑生产秘色瓷之外，还有大量官方定样、官方监制的民窑在生产秘色瓷。这也从一个侧面反映了秘色瓷是何等的辉煌与神秘。

九秋风露越窑开,夺得千峰翠色来

109

越人首创养蚕与丝织。

于越是一个善于创新的古老族群。在湖州钱山漾遗址出土,迄今发现的世界上最早的家蚕丝制品,便是由古越人生产的。这是越人对人类文明的一大贡献。

1995年浙江省博物馆入藏的越王者旨於睗剑，剑柄上所缠裹的丝织品有两类：一是丝带，长约190厘米，细而平滑，且仍有弹性；二是平纹丝织品。从中可见，越人的养蚕与丝织技术是一脉相承的。

今日纺织业之所以能够成为绍兴的支柱产业，大概同样也是越人织造基因的一种遗传吧。

110

绍兴纺织源远流长。

越国时，绍兴纺织业已相当发达。《吴越春秋》留下了越献吴“葛布十万”的记载。

《汉书·食货志》中，有越地“还庐树桑”“女修蚕织”的记载。

《后汉书·陆续传》中载，东汉时，光武帝刘秀“常敕会稽郡献越布”。

《后汉书·朱儁传》中讲到，汉时官至太尉的朱儁，是会稽上虞人，他的母亲曾以贩缯帛（一种丝织品）为业。他曾以母亲所藏的缯帛，帮助同郡的一位叫周规的朋友，还清了所借的“郡库钱百万”。可以还清百万库钱，缯帛的数量可想而知。

今绍兴市柯桥区华舍街道，有一个叫蜀阜的地方，流传着一个凄美的故事。说的是三国蜀汉的刘备死后，其妻、孙权之妹孙尚香返回吴越之地，在华舍西边的一清幽之处隐居，建寺礼佛，祝愿蜀汉康阜，蜀阜之名由此而来。其侍女善织锦，利用当地所产之丝，织成丝锦，此锦亦被称作蜀锦。

《宋书·沈昙庆传》中载,六朝时,会稽等地“丝绵布帛之饶,覆衣天下”。

唐朝时,华舍已经“日出万丈绸”。《资治通鉴》卷二五九载,唐末,朝廷一度每十天征“越绫万五千匹”。白居易在《缭绫》诗中写道:“异彩奇文(通‘纹’)相隐映,转侧看花花不定。”越绫的精妙绝伦,由此可见。

111

绍兴纺织业,很有影响力。

绍兴化纤面料的年产量及年出口额,均占了全国的近1/10。

绍兴染整面料的年产量,占了全国的1/3、浙江的2/3。

绍兴柯桥的中国轻纺城,是全国最大的纺织产品专业市场。

绍兴发布的中国纺织指数,是中国纺织行业的“晴雨表”。

纺织业是绍兴的“通灵宝玉”。若丢掉了这“通灵宝玉”,绍兴怕是会“失魂落魄”的,至少经济上会如此吧。

112

绍兴不仅是青瓷故乡、纺织之乡,还是黄酒故乡。

绍兴黄酒,以原产绍兴而得名,以色黄澄、香馥郁、味醇厚而闻名。绍兴因此被雅称为“酒都”“醉乡”。

在漫长的发展过程中,绍兴黄酒形成了状元红(元红)、加饭、善酿、香雪四大品种。

古越龙山、会稽山、女儿红、咸亨、太雕、塔牌等，都是各具特色的绍兴黄酒的知名品牌。

113

绍兴黄酒是中华国酿。

称绍兴黄酒为中华国酿，其理由有三。

一是人无我有。白酒、红酒、啤酒国外多有，唯黄酒为中国独有，而绍兴又是黄酒的原产地。

二是历史悠久。从《国语》《越绝书》《吴越春秋》等文献对越酒的记载算起，绍兴黄酒已与中华文明相伴而行了2500多年，称得上是一部黄酒文化史，半部中华文明史。

三是有益康养。绍兴黄酒具有其他酒类所不及的特殊的保健与养生功能。它有人体健康所必需的18种氨基酸以及维生素、蛋白质、有机酸等多种成分，适量常饮，有助于保健养生。作为烹饪作料，它可以祛鱼腥和肉类膻味，使菜肴更加可口。从中医中药方面来讲，它还是重要的药引子和药用辅料。

由此可见，绍兴黄酒是绍兴人奉献给人类的宝物。

114

绍兴黄酒是文化。

立冬开酿，是酒乡绍兴的神圣时刻，是越糯、鉴水与天时的神奇结合。

它独特的酿制技术，本身就是我国十分重要的非物质文化遗产。

它丰富的饮用方式与康养功能，陶醉了无数的饮酒人，衍生了独特的酒文化，催生了迷人的“名士乡”。

古往今来，无数的文人墨客更是与黄酒结下了不解之缘。

115

绍兴黄酒是人生。

人有欢合，黄酒可以助兴。

人有悲离，黄酒能够消愁。

人之亲情友情，历久弥深；恰似绍兴黄酒，越陈越香。

绍兴黄酒越千年，中华国酿总缠绵。圣贤庶民皆钟情，春夏秋冬飘欲仙。

这便是千百年来，人们对其恋恋不舍的原因所在。

钟灵毓秀，唯我黄酒，绵连千年岁月稠。曰公侯，曰黔首，谁个未曾暖心头。今朝可有佳酿否？有，别太悠；无，莫忧愁。

这便是古往今来，黄酒给予人们的人生启迪。

116

绍兴黄酒是生态。

藏污纳垢之地，产生不了黄酒。

山河破碎之处，酝酿不成黄酒。

只有源自会稽山的鉴湖水，加上越地独特的土壤中生长的糯米，以及这里独特的环境，才能孕育出东方美酒之冠——黄酒。

117

绍兴黄酒是经济。

它是最具绍兴特色的物产，是绍兴经济的重要组成部分，正在向着延长产业链、做强科技链、增加价值链的目标前进。

它远销国外，是中国对外贸易的一大亮点，是中国走向世界的友好使者。

118

越王勾践用酒鼓励生育。

越王勾践被吴国打败后，卧薪尝胆，立志雪耻，实行“十年生聚，十年教训”之策。为了增加兵力和劳力，他鼓励百姓生育，并用酒作为奖品。

《国语·越语》是这样记载的：“生丈夫（男孩），二壶酒，一犬；生女子，二壶酒，一豚（猪）。”

由此可见，绍兴产酒的历史之久远、当时产酒的规模之庞大，以及酒的功用之巨大。

119

箪醪劳师。

《吕氏春秋》是秦始皇的仲父吕不韦主持编撰的。其中的《顺民》篇中记载，越王勾践出师伐吴时，越中父老向他献酒，他把酒倒在河里，与将士迎流共饮，士气大振。这便是历史上有名的“箪醪劳师”的故事。由此可见，酿酒、喝酒在当时已经十分流行，几成风尚。

醪是一种带糟的浊酒，勾践投醪之所，后人称之为投醪河，亦称劳师泽。今绍兴古城内，此河仍在，此名未变。由此可见越人对酒的深厚感情，亦可见越人对先人的敬仰之情。

120

元稹、白居易将越州命名为“醉乡”。

唐代大诗人元稹曾任浙东观察使兼越州刺史，另一位大诗人白居易曾任杭州刺史。两人是好朋友，常常隔江唱和。

元稹在《酬乐天喜邻郡》诗中写道：“老大那能更争竞，任君投募醉乡人。”

白居易在《和微之〈春日投简阳明洞天〉五十韵》诗中写道：“醉乡虽咫尺，乐事亦须臾。”

由此，“醉乡”成为越州的雅称，为后人传颂。

121

“过酒坯”。

酒乡绍兴，不光酒的品种多、质量好，对“过酒坯”——下酒小菜，也颇有讲究。

旧时大街小巷林立的大小酒店里，便常备有茴香豆、五香豆腐干和茶油青鱼干这三种“过酒坯”。

而今，这些“过酒坯”仍然风行绍兴城乡，还成了外来游客的必尝风味。

“过酒坯”

122

爨(cuàn)筒热老酒。

“跑过三江六码头,吃过爨筒热老酒。”这是绍兴人在夸赞一个走南闯北、见过世面的人的时候,常常喜欢说的一句俗语。

爨筒热老酒,其实是绍兴人沿袭至今的一种风俗。作为黄酒的原产地,绍兴人对喝酒自然也是颇讲究的。譬如,寒意天将老酒热一热再喝。这一方面有助于控制饮量,因为热酒易为身体吸收;另一方面也有利于保健身体,不至于因冷酒而影响肠胃。

酒店温酒的爨筒,用白铁皮制成,上大下小,恰似一个倒“凸”字形,规格一般为半斤、一斤半、两斤三种。

当客人落座、点定酒菜后,服务员便会高声吆喝起来,“张三来哉,元红一斤!”“几号桌酒好上哉,太雕两斤!”这绍兴话古韵古音,听起来像吟唱一般。片刻后,老酒与“过酒坯”便上桌了。

以前,以这种方式经营的酒店,接待的一般都是鲁迅先生所称的“短衣帮”。而今,人们怀旧,斯文人也是很喜欢去这类酒店的。

123

绍兴不仅是黄酒故乡,还是春兰故乡。

绍兴是我国最早人工培育兰花的地区,已有2500多年的人工栽培历史。

绍兴兰花素称越兰、中国兰，有200多个品种，以春兰为主。

越兰与兰文化在国内外兰界享有崇高地位。早在南宋时，大诗人王十朋在《会稽风俗赋并序》中，便称越兰为“国香”。历史上，有近30种知名兰花以绍兴人士命名。进入21世纪，在春兰故乡绍兴举行的一年一度的兰文化节，吸引了海内外的大批兰花爱好者。

124

越中名人多爱兰。

晋王羲之与友人兰亭雅集时所作的37首诗中，不乏咏兰之作。

宋陆游作《兰》诗，借兰抒情。

明徐渭作《兰谷歌》，从勾践植兰写到右军爱兰，从《兰亭序》写到会稽山，充满了对家乡与兰花的感情。

明代张岱、清代李慈铭等大文人，也都有寄情寄志于兰花之佳作。

鲁迅先生在给山本初枝的信中说：“养兰花是颇麻烦的事，我的曾祖栽培过许多兰花，还特地盖了三间房子。”20世纪30年代，鲁迅先生还曾作七绝诗，以兰明志。可见，鲁迅先生出身养兰世家，他自己也一生爱兰。

125

春兰北开。

绍兴是春兰故乡，漓渚与兰亭是春兰故里。1900年出生于漓渚棠棣的诸涨富，自幼耳濡目染，爱上兰花。

13岁时，诸涨富就随舅父、育兰高手史月掌赴沪学习育兰。5年后，他单独为上海同丰金铺和恒孚银楼老板徐蒲荪育兰，使徐氏花圃名兰荟萃，他也借此成为沪上育兰高手。

1958年冬，应朱德之邀，诸涨富携女婿叶志庆在北京中山公园开辟兰圃，并于次年春在公园举行首次兰展，由此开创了春兰北开的新纪元，被誉为“中国兰将”。

126

绍兴市花。

兰花是花中珍品，色、香、姿、韵四绝。

作为春兰的故乡，爱兰、亲兰、育兰、艺兰，是越人的传统。

1982年，绍兴市人大常委会做出决定，将兰花定为绍兴市的市花。同年，绍兴市还成立了全国第一个兰花协会。

而今，养兰赏兰，发展兰产业，弘扬兰文化，已经成了绍兴人日常生产与生活的一部分。

养兰赏兰是很高雅的事，制茶品茗也是如此。绍兴人喜欢的，就是这些高雅之事。

兰花展上，人们争相拍照

127

越人如茶，所以爱茶。

茶叶善处自然。她不与乔木争高低，总是淡定、谦卑地坚守在自己的位置上。她不与天时争强弱，一年四季郁郁青青，一派笑傲江湖的气概。她不与地理争优劣，在平地则扎根土壤而枝叶茂盛，处山坡则扎根岩缝而精神抖擞。她总是这样宽容、厚道、友好地与天地万物和睦相处，心甘情愿地做自然大家庭中的普通一分子，诗情画意地生活在自然大家庭里。

茶叶善解人意。她助人止渴养生，努力满足人们生理上的需要；她助人交友联谊，努力满足人们情理上的需要；她助人修身养性，努力满足人们心理上的需要。一个“茶”字，上面是“草”字头，下面是个“木”，中间是个“人”，说明她充满人性，充满人情味，总是把人放在心中。

茶叶善待社会。她促成了“柴米油盐酱醋茶”“琴棋书画诗酒茶”这样一种宁静、恬适、平和的社会生活。她养成了客人来了奉上清茶一杯这样一种真诚、友善、清和的社会习俗。她弘扬了人与自然、与社会要和谐，人自身也要和谐的社会风气。

善处自然，善解人意，善待社会，既是茶叶的本性，也是越人的本性。

128

绍兴茶业，久负盛名。

绍兴产茶，始于东汉，是我国最早产茶的地区之一。

魏晋南北朝时期，北方动乱，北人南迁，绍兴茶业快速兴起，并开始与儒、释、道结合。

隋唐时，绍兴茶业大盛。400位左右诗人在以越州为中心的浙东“唐诗之路”上，品茗唱和，传为佳话。茶圣陆羽在我国茶文化史上最重要的著作《茶经》中盛赞：茶，“越州上”。诗僧皎然于越州首次提出了“茶道”的概念。

宋时，绍兴茶业旺发。平水成为集散越州内外茶叶的大集市，所产日铸茶,创炒青之法,开千古之宗。诸暨东白山一带的石笕茶,成为朝廷贡品。

元、明、清时,绍兴茶业绵延向前。有明代"渡江策士无双,开国文臣第一"之誉的刘伯温,在《出越城至平水记》中,称绍兴南部山区"多美茶",主人摆出了"茶、瓜、酒、食"招待他,茶被列为第一款。日铸雪芽,盛行京师,风行欧美,被称为"绿色珍珠"。

时至当代,绍兴茶业更是欣欣向荣,还培育出了中国现代茶业的奠基人吴觉农先生。

悠久的历史,使绍兴茶叶拥有了深厚的文化底蕴,为绍兴茶叶提供了无与伦比的人文优势。

129

"茶道"的始祖与源头在绍兴。

唐代诗僧皎然,是茶圣陆羽的好朋友。他流传至今的25首茶诗,大多是在越州的剡溪、沃洲山一带写成的,足见他对越中茶叶的魂牵梦萦。

在《饮茶歌诮崔石使君》诗中,他提出了"茶道"的概念,这在世界茶叶史上尚属首次。"茶道"一词,后来传到了日本,为日本人所学习、借鉴、运用。

皎然是人类茶道的始祖,绍兴是世界茶道的源头。

130

抹茶专著《大观茶论》。

《大观茶论》原名《茶论》,是宋徽宗赵佶所著的茶叶专论,其中大量内容与抹茶有关。因成书于大观元年(1107),故后人称之为《大观茶论》。

绍兴攒宫是宋徽宗的归葬地。900 年前,抹茶文化从绍兴等地传入日本。

而今,绍兴成了中国乃至世界抹茶生产中心与抹茶文化交流枢纽。

131

陆游爱茶。

陆游身处茶乡,酷爱茶叶。他写了 300 多首茶诗,占了全部存诗的 1/30,是历代诗人中写茶最多的一位。他在诗中反复表达的愿望,是继承先祖陆羽的衣钵,成为茶圣。

陆游活了 86 岁,这在那个时代已是凤毛麟角了。或许是爱喝茶,才成就了他的长寿。

132

吃讲茶。

旧时绍兴的城乡,茶店遍布。其中几爿比较大的,往往也是民间自发、广泛流行的民事纠纷的调解活动场所。这种习惯，便是吃讲茶。

吃讲茶，总是由双方当事人邀约一位公认的调解主持人，以及各自的代表“茶客”，集中到约定的茶店。

茶店的格局，一般是在靠近店门口账桌头的地方，放成双的一对桌子，大概是取意“马首是瞻”，俗称“马头桌”。

坐这马头桌的，多是当地辈分高、声望好的知名人士，如回籍的绍兴师爷等。待双方当事人与“茶客”充分发表意见后，坐在马头桌后的主持人便会综合各方诉求，判定是非，一锤定音。这时，双方便会表明“某店王话咚算数哉”之类的态度。

吃讲茶，在明清直至民国时期，最为盛行。这一方面，是因为“八字衙门朝南开，有理无钱莫进来”，老百姓有怕打官司的苦衷；另一方面，也是绍兴人智慧的体现，是社会管理、百姓自治的一大创造，值得继承和弘扬。

吃讲茶

133

新昌产佳茗。

新昌是中国名茶之乡、全国十大重点产茶县、全国十大生态产茶县、全国十大最美茶乡、全国茶叶科技创新示范县、中国茶文化之乡。

新昌的大佛龙井不仅是“浙江十大名茶”之一，还获得了“中国茶叶区域公用品牌十强”的称号。

艳阳普照，茶绿姑娘俏。人乐自然春来早，天姥如此多娇。诗路千年悠悠，茶道底蕴深厚。最是大佛龙井，长使身性双秀。

坐落于新昌县城南部、秀美的山水环境中的中国茶市，是全国最大的龙井茶交易市场。茶市发布的茶叶指数，是我国茶叶价格的“晴雨表”。

134

日铸茶，甲天下。

日铸茶，因主产于平水日铸岭而得名。2500多年前，欧冶子为越王铸剑，“他处不成，至此一日铸成”，此地遂得名日铸岭。

早在唐代，日铸茶就已被茶圣陆羽称为“越州上”中的绝品。

北宋大文豪欧阳修在《归田录》中称：“两浙之品，日注（铸）为第一。”

越中日铸茶，勾践即爱她。元白(元稹、白居易)以诗换，放翁(陆游)更自夸。日月云雾伴，钟灵毓精华。摘于清明前，采由姑娘家。炒制凭秘方，加工有妙法。劝君常相饮，体健性情佳。

如此佳茗，还能不常相饮吗？

135

越乡龙井妙！

嵊州产的越乡龙井，是“浙江十大名茶”之一。

花香剡溪春意闹，画眉欢笑，松鼠奔跳，黄蜂飞舞嗡嗡叫。忘形自然竞妖娆，佳人如潮。茶绿景美，敢说越乡龙井妙！

136

中国茶都数绍兴。

2016年，绍兴有茶园面积55万亩，占浙江省的18.8%，居全省第一；有茶叶加工企业2000多家，年产茶叶超过4万吨，占全省的1/4、全国的1/10；年加工出口珠茶超过10万吨，占全省的1/2、全国的1/3；“浙江十大名茶”，绍兴占了3个，分别是大佛龙井、越乡龙井与绿剑。

特别值得一提的是，中国农业科学院茶叶研究所正在嵊州建设世界茶叶种质资源库。目前，在嵊州三界的国家级茶叶综合实验基地，已引进、研发、种植了优质种质资源近1000个。

137

绍兴茶叶名扬天下，绍兴香榧更是名扬全球。

会稽山古香榧群，位于绍兴市所辖柯桥区、嵊州市与诸暨市的交界处，面积达402平方公里，有结实香榧大树105000株。其中100年以上树龄的有72655株，占浙江省的85%；1000年以上树龄的有4500株，现存最古老的香榧已有1600年的树龄。

2013年5月29日，联合国粮农组织认定会稽山古香榧群为“全球第一个以山地林果类生态利用系统”为主要特征的“全球重要农业文化遗产”。

2014年10月28日，香榧被确定为绍兴市市树。

2015年10月28日，绍兴市成立了会稽山古香榧群保护管理局和绍兴市香榧协会。

2016年11月，绍兴电视总台拍摄了由笔者撰写文案的电视片《香榧，您好！》；中国香榧博物馆在诸暨建成开放。12月，市里还出台了《绍兴会稽山古香榧群重要农业文化遗产标识使用管理办法》。

138

香榧是东坡豆腐的重要配料。

东坡豆腐，以北宋大文豪苏轼之号命名。

南宋钱塘人林洪所撰的《山家清供》中，记载了东坡豆腐的做法：“豆腐葱油炒，用酒研小榧子一二十枚，和酱料同煮。”

苏东坡写过歌颂香榧的诗，用香榧做配料烧豆腐，想必他真的是很喜欢香榧的。

现在的东坡豆腐，名称如故，但配料中早已没有了香榧，估计大多食客也不一定知道，这传统名肴中是应该有香榧研末这份作料的。

如果有哪家餐馆饭店把香榧作料重新加进去，想必这传统的东坡豆腐会更加地道、更加入味、更加名副其实的。

东坡豆腐

139

香榧是圣果。

金秋是香榧的成熟季，自然也是吃香榧的好时节。

层林尽染秋意浓，榧子葱郁独从容。最是相忆此圣果，今朝又得入口中。

140

香榧是奇珍。

金秋之时，香榧沉甸甸挂满枝头，而香榧树依然葱郁婀娜，煞是可人。

玉宇飒爽秋色新，枝子婀娜尤迷人。引得众生长心仪，只因难觅此奇珍。

141

伟哉，香榧！

香榧既可给人饱口福，也可让人饱眼福，更可令人受教育。

鸿蒙初辟岁月稠，岿然峭崿竞风流。三代和睦享天伦，四时常青缘慎修。曲直顺行应造化，卑亢有度蕴刚柔。餐雪饮雨万千年，静阅人寰春与秋。

142

绍兴多矿产。

绍兴这地方就是怪，不光地上物产丰富而奇特，地下矿产同样如此。

目前已查明的能源、黑色金属、贵金属等各类矿产有50余种。其中已探明储量的有铜、锡、金、硅藻土、瓷土等20余种。金属矿产在浙江占有举足轻重的地位。

令人称奇的是，2500多年前，越人就已经掌握了铜、锡等的勘探、开采、冶铸、磨制技术，青铜剑与青铜镜便是这种技术最典型的产物。

143

举世无双的越王剑。

越国青铜宝剑，在春秋战国时期冠绝天下，代表了当时兵器的最高工艺水平。

据目前所知，经考古发现与传世的越王剑有20余柄，其中包括越王勾践剑、越王者旨於睗剑、越王州句剑、越王丌北古剑等。

《周礼》卷三十九《冬官考工记第六》中，总结了一件良器的四个条件："天有时，地有气，材有美，工有巧，合此四者，然后可以为良。"越王剑之"良"，便得益于此"四有"。

144

越王青铜剑多出晋、楚故地。

这其中的原因,可能有四。一是礼品。曾经有一段时间,晋、楚、越为对付共同的敌人吴国,关系十分密切。越国将最珍贵的宝剑作为国礼赠送给友国,也是情理之中的事。

二是陪嫁品。楚惠王之母为越王勾践之女,勾践将包括自用剑在内的上好宝剑作为心爱女儿的陪嫁品,也是情之所在。

三是战利品。楚灭越后,将青铜剑等越国的国宝据为己有,也是完全有可能的。

四是贸易品。风胡子就曾应楚王之令,来越购剑。

145

容庚先生与越王剑。

容庚先生是古文字学家、金文专家。1931年秋,他在北京著名的古玩店式古斋,买得一柄有“王戉”铭文字样的剑。次年,卖给了同样是古文字学专家的于省吾先生。后来,他从日本人原田淑人所著的《周汉遗宝》一书中,看到了一种名为“戉王矛”的青铜器,恍然大悟,“王戉”剑实为“戉王”剑。容庚对转卖此剑后悔不已。

1937年春,容庚购得难得一见的西周“师旂鼎”。于省吾听闻,很希望容庚割爱转让。容庚对于省吾说:“必归余故剑,鼎乃出。”于省吾考虑再三,答应了容庚。

容庚经过研究,最后写成了《鸟书考》,并将此剑命名为“越王剑”。

146

越国“人而能为镈”。

《周礼・冬官考工记第六》载:“粤(通‘越’)之无镈也,非无镈也,夫人而能为镈也。”

镈,读 bó,是古代一种锄类农具。东汉经学家对此做了专门的解释,认为“镈,田器”,“越地多泥,用此镈者多”,故“其丈夫人人皆能作是器”。

2500 多年前,越国已经“人而能为”“人人皆能”自己铸造锄类金属农具,这说明了当时农业生产之发达,更说明了当时的冶铸技术之普及。

这不,铜镜又是个极好的证明。

147

会稽是铜镜制造中心。

会稽铜镜历史悠久,最早可以追溯到春秋战国时期。

汉晋时期,会稽人口大增,尤其是贵族、富豪、士人的增长,增加了作为日常生活用品的铜镜的需求;农业的繁荣,社会的稳定,加速了铜镜手工业的兴起。

与此同时,会稽有着得天独厚、十分丰富的铸造铜镜所必需的铜、锡等矿藏,有着春秋战国时期传承下来的青铜冶铸的传统技术。

所有这些,使会稽具备了制造优质铜镜的先决条件,成了汉晋时期的铜镜制造中心。

148

会稽镜。

会稽镜主要有神兽镜、龙虎镜、画像镜、规矩镜。

华夏文明史久远，精微铜镜溯源流。玄光何止正衣冠，纹饰依稀纪春秋。富贵吉祥人长乐，避邪镇宅居无忧。神兽龙虎蕴越地，画像规矩鉴沉浮。

149

绍兴是古代著名的产纸重地。

绍兴历史上，盛产于中华文明进步有益之物，除青瓷、丝绸、兰花、黄酒、香榧、铜镜等外，还有越纸。

宋《嘉泰会稽志》中记载，东晋王羲之任会稽内史时，“桓温求侧理纸，库中有五十万，尽付之”，“谢安乞笺纸，库内有九万枚，尽与之”。那时离纸张的发明时间不久，一位地方官员能一次性拿出这么多的纸，想必与当地发达的造纸业相关。

唐时，据《新唐书》记载，越纸已成为贡品。唐代著名文学家韩愈在《毛颖传》一文中，称纸为“会稽楮先生”，足见越纸在当时的突出地位与影响。

宋时，两浙造纸业居全国之冠，而越州又居两浙之冠。为此，官府还在会稽设立了汤浦、新林、枫桥、三界 4 个纸局，以管理造纸行业。

发达的造纸业，是绍兴历史上书风弥漫的重要原因，也为耕读传家创造了有利条件。

越州造纸业宋时居全国之冠

150

辉煌一时的剡藤纸。

剡溪两岸，古时多藤，藤是造纸的好原料，剡藤纸因此而得名。这种纸以薄、轻、韧、坚、细、白、润、滑著称，主要品种有敲冰纸、硾笺、玉笺、粉云罗笺等。

晋时，剡藤纸已被指定为官方文书专用纸。唐时，公牍乃至皇帝诏书亦多用剡藤纸，以至称公牍为剡牍。

可惜的是，由于原料枯竭，加上宋代竹纸的兴起，剡藤纸日渐走向衰落，至明代最终告绝。

151

越州竹纸独名天下。

越州竹纸，因以越州丰富的竹子为原料加工制成而得名。主要优点是：纸质光滑美观，墨色特别润泽，书写十分流畅，久藏墨色不褪，不受虫子蛀蚀。

越纸居宋代纸业之冠，而竹纸又以原料丰富、产量庞大、行销广泛、质量上佳而独冠越州纸业。

152

越州竹纸在宋代颇受书法、文学大家们的喜爱。

著名文学家苏东坡曾一次性托人买“越州纸二千幅，常使及展手者各半”。著名书法家米芾称越州竹纸光透“如金版”，日习书用纸数十，并作《越州竹纸》诗赞美。著名书法家薛道祖作《咏笔砚间物》诗，赞越州竹纸“滑如苔”。陆游尊尚之师、诗学所出之曾文清，亦曾作《越州竹纸》三绝句相赞。由此可见该纸的受欢迎程度。

假如运用制造竹纸的传统工艺加现代科技，按生态、环保、可持续的理念，把绍兴丰富的竹子资源重新利用起来，不但可以富裕农民、发展经济，说不定还可以培养出像苏东坡、米芾、薛道祖、陆游这样的大家。

153

绍兴纸扇。

绍兴纸扇起源早。相传，纸扇的创始人为春秋时期的齐桓公，过去杭州扇子巷内的扇业会馆里，就供有齐桓公的塑像。从《晋书·王羲之传》中记载的王羲之题扇的故事来推断，绍兴制扇之始，至少在晋代之前。

绍兴纸扇品质好。唐、宋时，绍兴的手工制扇已相当精细。明、清时，绍兴纸扇已享誉浙江乃至全国。清雍正《浙江通志》中，留下了“会稽陶堰出纸扇，甚洁致，以密节细竹为柄，糊以白纸，堪作书画”的记载。

绍兴纸扇工艺佳。在漫长的发展过程中，绍兴纸扇形成了黑纸扇、白纸扇、冲花扇、香木扇、舞蹈扇、绢扇、工艺挂扇等丰富多彩的品类，并以其携带方便、取用自如、造型别致、内涵丰富的优势，成为人们喜爱的纳凉用品。

而今，绍兴纸扇在继续作为扇风纳凉、遮面护颜的实用品的同时，又推陈出新，开发文创产品，在扇面上题诗作画，纸扇成了人们可随时随地欣赏的工艺品。

154

独领风骚的会稽甓。

很多人知道秦砖汉瓦很有名。其实，汉魏六朝时的会稽砖甓也毫不逊色，尤其是其中的文字砖与画像砖，诚可谓书画之楷模、诗文之榜样、文献之佐补、史事之写照、民情之见证也。

其铭文，抒心明志，表情达意，或祈“安乐连世”，求“长宜子孙”，或纪姓名、官职，叙生平、世系。

其画像，龙凤呈祥，狮虎添威，莲花生佛，仙人升天，题材广泛，吉瑞不离。

其纪年，岁月日期，一目了然；人物事件，历历可证；印画刻划，如同信史。

其书法，篆隶真草，诸体皆备；古朴拙讷，俊逸飘洒；正书反写，恣意狂迈。

其画技，精雕细琢，粗实厚重，造型绝伦。

其文辞，记人叙事，详略得当；用字造句，恰如其分；一字千金，言简意赅。

155

越砚享誉600年。

绍兴人、明代大散文家张岱在他的《陶庵梦忆》中提到的“着墨无声而墨沉烟起”的“天砚”，即是越砚。

清代“扬州八怪”之一的金农，将在会稽山觅得的越石精心雕刻成佳砚，并将其命名为越砚，从此越砚名声更大。

鲁迅先生的儿子周海婴曾将这一家乡特产介绍给当时的中国美术学院院长吴作人和北京专营文房四宝的荣宝斋。

越砚具有石质稠润细腻、呵气成云、磨墨无声、就水研墨似漆、发墨不损毫颖的特点。

越砚与越纸,为越地自古多书家,提供了天然的条件。现在,越砚正等待着有识之士来为其重整旗鼓,再展辉煌。

156

绍兴曾是我国海盐的重要产区。

早在2500多年前,越王勾践就已经设盐场、置盐官。

西汉武帝时,会稽山阴成为全国设盐官的28个县之一,所产之盐主销甘肃、宁夏一带。

唐时,越州有东场、西场等5个大盐场,成为全国海盐的重要产区,官府设立了专门的盐仓、盐监。

宋时,越州盐场每年的买纳(纳税)销售量达149183石(当时50斤为1石)。

元时,朝廷设置两浙转运盐使司分司,专门负责绍兴的海盐生产与专卖。

明时,官府鼓励开垦新涨滩地,盐业大振。全府共有钱清、三江、曹娥等15个盐场。

清时,绍兴海盐生产逐渐由煮盐法演变为晒盐法。

民国时,政府在绍兴钱清、三江等盐场设盐政场公署。此后,由于江海变迁、海潮毁田等原因,绍兴盐业生产规模逐渐缩小,20世纪70年代,绍兴产盐历史基本终结。

绍兴所产之盐质优量大，盐业成为官府的重要税收来源、盐民的生存之本，其历史贡献永不磨灭。

157

越人善编织。

古越之地，植物中可以剖篾的竹、藤、芦苇等资源很丰富。

作为古之越地的河姆渡遗址出土的遗存表明，越人篾编工艺早在7000年前已很成熟。

战国《荀子·礼论》、西汉《淮南子·主术训》中，均有“越席”的记载，表明当时越人所编之物已颇具影响。

越地竹编，向以嵊县（今嵊州市）为最。东晋诗人许询，于永和年间由萧山徙居嵊县金庭，曾作《竹扇》诗，盛赞嵊县竹扇编织构思巧妙、技艺高超，为仕女们所喜爱。嵊县竹编以其悠久的历史、精湛的工艺，被列入国家第一批非物质文化遗产。其中的精品《沧海还珠》，在1999年澳门回归时，作为浙江省人民政府的礼品，赠送给了澳门特区政府。

158

乌毡帽。

乌毡帽是绍兴的特产，由纯羊毛制成。明人张岱的《夜航船》中，有“秦汉始效羌人制为毡帽”之句。据此，则此帽可能始于秦汉之时。

乌毡帽冬日可挡风御寒、夏天可遮阳吸汗;可做坐垫,用后一拍,清洁如故;可当水盆,用后倒水一甩,干燥如常;戴时将四边帽檐卷起,边缝还可置零星物品。它是往昔绍兴农民、渔民、船民和百作工匠的毡盔,也是肩挑背负、沿街叫卖的小贩常戴的便帽。戴上此帽,显示的是典型的绍兴百姓的形象。

而今,随着人们生活水平的提高和生活方式的改变,乌毡帽已基本退出了生活实用品的历史舞台,改良成了时尚帽与工艺品。

159

乌篷船。

乌篷船是绍兴人的一大发明,与七八千年前古越人在世界上最早发明的独木舟一脉相承,为绍兴所独有。

以前家家户户都有乌篷船,它是水乡人家寸步不离、人人都会用的交通运输工具。而更令人拍手叫绝的是,这里的人除了会用手划桨,还会用脚摇橹。

现在,乌篷船已转变职能,变成了独具绍兴特色的水上旅游亮点。8.32 平方公里的绍兴古城、东湖与大禹陵三个大景区,其中的每个景点都临水,都有码头。在任何一个景点的码头,坐上乌篷船,穿梭于小桥流水间,咪(方言,意为略微喝一点)一口黄酒,看一段社戏,听一曲绍剧,赏一路景色,是来绍兴必须做的事。

乌毡帽与乌篷船

160

绍兴魁栗好。

越地栗的栽培已有7000多年的历史。魏晋时，已大规模种植，并不断改良品种，其中以上虞秀峰、岭南等地的魁栗为魁首。魁栗因颗粒大而得名，这魁栗中的魁首，自然是大中之大——“大哥大”了。

秀峰等地的魁栗粒大、壳薄、色艳、味甜，富含多种维生素与矿物质等，具有健脾益气、清热解毒、止泻治咳等功效。

魁栗果、菜、饭兼用，生、熟均可食。以前，山里人常将其与粳米一起煮，当饭吃；或在逢年过节时，用多种方法加工后，用来招待客人。

传统的熟食加工方法有糖炒、清蒸、水煮等，也有加工成栗子羹、栗子鸡、栗子鸭、栗子烧肉等菜肴的。现在产量更高、品质更好了，还有加工成罐头、糕点等副食品的，除了在国内销售，还出口海外。

魁栗成熟时，外壳开裂，形似虎爪，因而也称虎爪栗。不过，不管是开裂前还是开裂后，其外壳全都是刺，长得实在是不好看。然而其又恰恰是貌不惊人，而味道、功效惊人。

正如不能以貌取人那样，不以貌取物，这或许是魁栗给予人类的一个启示吧。

161

章镇猕猴桃。

> 果数谁好？章镇猕猴桃。四明逶迤娥江绕，钟灵毓得翠娇。体硕藤蔓叶茂，色诱香馨味妙。赏心悦目养性，美容健胃补脑。

世人很多认为猕猴桃是洋水果，其实不是。早在《诗经》中，便已出现了猕猴桃最古老的名字“苌楚”。唐代大诗人岑参的诗句“中庭井栏上，一架猕猴桃”，是猕猴桃之名的出典所在。明代著名医药学家李时珍在其《本草纲目》中说：“其形如梨，其色如桃，而猕猴喜食，故有诸名。”

1904 年,在中国宜昌探亲的女教师玛丽·伊莎贝尔·弗雷泽,将猕猴桃种子带到了新西兰。1910 年,农场主艾利森培育出第一批结果的猕猴桃——“中国酸栗”。经过不断改良,20 世纪 50 年代,猕猴桃以“Kiwifruit”这个充满异域风情的名字出口,大获成功。

猕猴桃回到祖国,名字却被翻译成了“奇异果”。不过,这“奇异果”也的确“奇异”。因为它维生素 C 的含量,“奇异”地高;它滋补强身、清热利尿、健胃润燥之功,“奇异”地强。

上虞章镇产的红心猕猴桃,实在称得上是这“奇异果”中的上品。

162

江南葡萄无数,龙浦盖北最妩。

绍兴是我国江南最早栽种葡萄的地区之一,已有 800 多年的历史。

在长期的发展过程中,上虞盖北葡萄脱颖而出,上虞也因此在 20 世纪 90 年代被命名为“中国葡萄之乡”。每年 8 月,盖北还会举行别具风味的葡萄节,吸引国内外客商和游人前往观赏、品尝、购买。

近年来,上虞章镇龙浦葡萄凭借其良好的生长环境与品质,声名鹊起,大有后来居上之势。

琳琅满目,妙笔亦难书。明珠缘何齐相聚?地理人文独具。江南葡萄无数,龙浦盖北最妩。君道天上仙果,我谓世间尤物。

163

天下杨梅会稽魁。

绍兴产杨梅，已有1700多年的历史。

宋时，绍兴杨梅已颇有名气。陆游写了10余首歌咏家乡杨梅的诗，南宋大诗人杨万里在诗中称“梅出稽山世少双”。

明万历《群芳谱》中，称会稽所产杨梅为天下魁。

清代时，上虞成了绍兴的杨梅生产中心，清《上虞县志校续》中留下了上虞“杨梅为越中果品第一”的记载。

上虞杨梅，尤以二都所产质量最佳，并因此而成为朝廷贡品。如今，二都杨梅推陈出新，获得了很大的发展。今绍兴市柯桥区湖塘等地的杨梅，树矮蓬大，粒肥色紫，酸中带甜，回味无穷。

悠悠千年锁深宫，如英似玉倍受宠。今日越中翠盈目，风过尤喜杨梅红。

绍兴杨梅

164

兰亭水蜜桃似娇娇。

兰亭水蜜桃，在宋代即以规模大、品质优而闻名。宋《嘉泰会稽志》中记载，“弥望连岗接岭皆桃李”，“方春时，花盛发如锦绣裹山谷，照水如云霞，恍然异境”。桃园规模之大、场面之壮观，可以想见。

兰亭水蜜桃树形优美，花色艳丽，皮薄而娇嫩、红润，肉软而多汁、清香，并富含蛋白质、无机盐、糖、膳食纤维、维生素等营养成分，赏之垂涎欲滴，尝之满口生津，食之浑身是劲，因而常称其为“娇娇”。

谁称娇娇，兰亭水蜜桃。隋唐宋元明清朝，惹得妃子常笑。树壮枝繁花丽，皮薄肉肥香溢。丰韵红润甜嫩，早已垂涎欲滴。

165

绍兴大菱，天下闻名。

7000 多年前的河姆渡文化遗存告诉我们，越人那时已开始采食野菱。南北朝时期，谢灵运在《山居赋》中，留下了人工栽培菱角的记载。唐、宋、元、明、清时期，绍兴得水乡之优势，盛产大菱。

绍兴大菱营养丰富，生的可做果品、冷盘，熟的可做糕点、蔬菜，具有独特的水乡风味，可惜现在已难得尝到了。

166

新昌小京生，胜过滋补品。

绍兴有关花生栽培的最早记载，见于清嘉庆《山阴县志》，其中尤以新昌小京生为上品。

这是因为，小京生适合在排水良好的疏松沙质土或轻石质黏土中生长，土层厚度在60—100厘米、pH值在5.5—7.2之间的玄武岩台地土壤最佳。而新昌正好具备这一土壤条件。

还有很重要的一条，是新昌特有的气候条件。每年3—4月份的春雨，有利于花生播种后的整齐出苗；5—6月的梅雨，有利于花生分枝、封行、开花、扎针、结荚。

新昌小京生，于清朝时从北京引进，并马上成为朝廷贡品。民国初年，已驰名海内外。

新昌小京生有3个特点。

一是稀少。主要产区为大市聚等地。

二是可口。果形美观，小巧玲珑，壳薄有光，果子饱满。多用来炒食，香酥带甜，松脆爽口，色、香、味极佳。

三是营养。根据科学测定，小京生营养价值与鸡蛋、牛奶相似。医学专家认为，它有悦脾和胃、润肺化痰、滋补调气的作用，对动脉粥样硬化和冠心病有一定的预防作用，还有助于增强青少年的记忆力，也有助于延年益寿。

167

新昌白术赛人参。

白术是中药配方和中成药生产不可缺少的常用药材，具有健脾益气、利水化湿、止汗安胎等作用，主治脾虚、泄泻、水肿、痰饮等症。

新昌是我国白术的主产区，已有800余年白术种植历史。宋代进士高似孙的《剡录》，明代大医学家、药物学家李时珍的《本草纲目》及明万历《新昌县志》中，均有记载。1933年出版的《中国实业志》中写道："浙江白术新昌最多。"新昌白术由此而被誉为"浙术"，成为浙产著名中药"浙八味"之一，并获得了"北参南术"的美誉。

绍兴除了多特色种植类产品外，还多历史悠久、品质上乘、绵延至今的特色养殖类产品。

168

勾践养猪兴国。

绍兴养猪，已有7000多年的历史。

越国时期，越王勾践把猪作为战略资源，在今上虞东关一带专门进行大规模的养殖，当年养猪的山被后人称为豕山。

他还用猪来奖励生育，规定若生女孩，奖励两壶酒、一头猪。

勾践的大夫范蠡还撰写专著，指导百姓养猪。

169

勾践养鸡“食士”。

越鸡是绍兴最早见诸史载的家禽。《越绝书·记地传》载:“鸡山、豕山者,勾践以畜鸡豕,将伐吴,以食士也。”可见,勾践是把养鸡作为兴国的一项战略举措的。

鸡作为人类的亲密朋友,被列为中华民族传统的十二生肖之一,并被赋予了独特的文化内涵。汉人韩婴称鸡为文、武、勇、仁、信“五德”俱备的德禽。

鸡是日出的使者,有“司晨鸟”“知时鸟”的美称。这种美称,寄托了人们对鸡的信赖,向人们昭示着时光的宝贵。鸡鸣而起、闻鸡起舞,更是反映了中国人自古以来勤勉不怠、即时奋起的精神。

170

越鸡是贡品。

宋以前,越鸡以蛋用见诸史册。宋以后,则以肉用鸡闻名。先贤陆游留有“丰年留客足鸡豚”等诗句,记载了农户饲养越鸡的史实。

明、清时,越鸡成为朝廷贡品。为此,官府还设置了专司其职的官吏,称为“鸡人”。

线鸡,是越鸡中的上品。这种鸡其实就是阉鸡,由公鸡去势后育肥而成,具有肥、嫩、鲜三大特点。

绍兴南部的秀峰尖岗与丹家等地，海拔高，生态好，所产之鸡最佳，人称“秀峰鸡”“丹家鸡”。

越鸡是贡品

171

绍兴麻鸭。

河姆渡遗址等地出土的野鸭头骨遗存，证明近万年前的新石器时代，越人已开始利用这种自然资源。

宋《嘉泰会稽志》卷第十七，引用战国时著名思想家尸子的话“野鸭为凫，家鸭为鹜”，说明在2200年前，人们已能分清野鸭与家鸭，想必那时饲养已有相当的规模。今绍兴还有栖凫村等地名。

南朝宋时，会稽太守孔灵符留下了当时山会平原农民渔鸭为业、专业养鸭的记载。

南宋时，绍兴已采用“火焙”这种人工孵化鸭蛋的技术。此法后来被称为“缸孵法”，至今尚存。

孵化技术的突破，促进了饲养规模的扩大。大诗人陆游曾用“陂放万头鸭”“群鸭暮归家”这样的诗句，记录家乡养鸭的盛况。

172

绍兴“白狗”。

“白狗”是鹅的俗称。鹅白羽红蹼，昂首挺胸，煞是可爱。陌生人和其他畜禽靠近时，鹅会立即“嘎”“嘎”叫喊报警，同时飞扑啄斗。旧时，绍兴农家，特别是寺院道观，常以鹅守护门户，因而称之为“白狗”。

173

丰富的烹饪手法,独特的饮食文化。

绍兴菜肴,最有地方特色的,要数霉、腌、酱、醉、糟、晒、炖、蒸、煮、腊、焖、焐、㸆、蘸等制作方式了。这些美味佳肴,风味独绝,久经考验,反映了绍兴人以丰补歉、勤俭兴业的节俭意识,因地制宜、因时制宜的生活法则,物尽其用、为我所用的创造精神,也促进了绍兴人的健康长寿、生生不息。

174

霉菜。

将畜禽类以外的食物,在浸泡或煮熟后,装入容器,经密封发酵,这便是绍兴人所谓的“霉”。这霉菜,称得上是绍兴人的至爱。

霉,有生霉、熟霉、淡霉、咸霉之别。生霉者,霉好后必须经过蒸㸆方可食用。淡霉的,在霉时不加食盐,至蒸㸆时才放盐;易霉,但不宜久藏。

绍兴霉菜,霉中蕴鲜,“臭”中蕴香,回味无穷。代表性的有霉豆腐、霉苋菜梗、霉菜头、霉笋、霉毛豆、霉千张等。

175

五香豆腐干。

绍兴人真是聪明,一块简简单单、普普通通的豆腐,竟然像变戏法似的，变出了系列产品，如豆腐干、霉豆腐、臭豆腐等。

这五香豆腐干，是豆腐干的一种，也称五香茶干，以柯桥所产最佳，所以又称柯桥豆腐干。

五香豆腐干用优质黄豆所制豆腐，加茴香、黄酒、砂糖等10多种原料精制而成。所以，说是五香，其实不止。它通常一寸见方，分半厚度，外黑如紫檀，内白似细玉，清香，微咸，甘甜，鲜润，慢慢嚼来，意味深长，令人欲罢不能。

与茴香豆、霉豆腐等一样，五香豆腐干是纯正的绍兴风味美食。

176

绍兴霉豆腐。

绍兴霉豆腐与霉苋菜梗、霉菜头、霉笋、霉毛豆、霉千张并称绍兴“六霉”。

绍兴霉豆腐，是优质黄豆加鉴湖清水加工成豆腐坯块后，再经发酵、长毛、酶化等工艺制成，富含多种氨基酸，味咸鲜美，口感清爽。绍兴民间一直有“乌干菜，白米饭，臭霉豆腐过泡饭”的谚语。

177

棋方霉豆腐。

棋方霉豆腐又称棋子霉豆腐，是绍兴霉豆腐的一种，因坯块呈现方形、小如棋子而名。制作工艺较繁，由于无前期长毛发酵的过程，所以成熟时间较长，配料讲究，味道醇美，是腐乳中的珍品。

棋方与红方、醉方在明嘉靖年间，便以“绍兴南乳”之雅称远销东南亚诸国。

清宣统二年(1910)，绍兴刘合兴酱园所产棋方腐乳，获得了南洋劝业会特等奖。

1929年，绍兴咸亨酱园无敌牌红方腐乳和谦豫酱园棋方腐乳，分别获得了西湖博览会金奖与特等奖。

178

红方霉豆腐。

红方霉豆腐又称红霉豆腐，因在制作过程中，另加红曲，色泽红润而名。又因明清时是绍兴向朝廷纳贡之品，故亦称贡方。

红霉豆腐之汁，称红霉豆腐卤，咸中带甜，味道鲜美，是菜肴的重要作料。绍兴人习惯以此烧肉，称作南乳肉，色红肉酥，油而不腻，别有风味；也以此浸麻蛤，其味特鲜，堪称佐酒佳品；还以此烧成千张结、素鸡、香干等净素食品。

一块小小的红霉豆腐，衍生出了这么多的可口佳肴。绍兴人的发明创造、美食享受与生活情趣，由此可见一斑。

另外，制作过程中加入不同的作料，还能做出青方、白方、醉方等风味各异的霉豆腐。

179

崧厦霉千张。

霉千张，亦称霉千层，是与绍兴霉豆腐相媲美的一种豆制品，历来以今绍兴市上虞区崧厦所产最佳。

崧厦霉千张是将当地优质黄豆制成豆浆后，再压制成千张，经发酵而成。这发酵的水平，即霉的水平，直接决定着霉千张的品质。

将霉千张淋洗后装碗，加上适量食盐、酱油和老酒上锅蒸。待蒸熟出笼后，浇上麻油，撒上葱花，异香扑鼻，入口酥嫩，鲜美至极。

霉千张经过发酵，有助消化，加上鲜洁、清香、素净，在清代作为“奇菜”入贡，不仅邻近普陀山的一些寺院常来崧厦采购，还远销新加坡、印度尼西亚等国。

180

腌菜。

旧时的绍兴，几乎家家户户自制腌菜，现在农村依然如此。越谚“穷有穷办法，腌菜请菩萨”，反映的正是加工、食用腌菜的普遍性。

腌菜时，将嫩萝卜一起腌，是通常的做法。腌菜与腌萝卜，生吃脆，熟吃鲜，别具风味。

另外，腌制品中还有腌肉、腌鸭子（腌鸭蛋的俗称）等。

181

绍兴母子酱油。

酱缸与酒缸、染缸，旧时合称绍兴“三缸”。“开门七件事，柴米油盐酱醋茶”，酱被绍兴人列为开门七件事之一。

酱油是绍兴酱品中的传统产品，而母子酱油则是绍兴酱油中的精品。

清朝末年，仁昌等绍兴酱园在传统工艺与原材料的基础上，开始采用上白麦粉、优质黄豆制成酱饼，经发酵后，再以普通酱油做水，历经夏季的烈日曝晒，秋日成油，制成高质量的“伏酱秋油”。

这种酱油色泽黝黑，咸中带甜，味柔和，香浓郁，富含氨基酸、蛋白质、脂肪等。因以上等黄豆、麦粉制成酱饼为“母”，以普通酱油做水为“子”，故以“母子酱油”名之。

用母子酱油蘸白斩鸡、白切肉，蘸牛肉、羊肉、饭焐肉，蘸饭焐萝卜、饭焐白菜、饭焐笋、饭焐芋艿等，味道特佳。用母子酱油烹饪其他菜肴，可以令菜肴口味锦上添花。

在母子酱油中，根据爱好添加适量的米醋、姜末、芝麻油等，蘸螃蟹、蛏、蛤、河鳗、鳜鱼、海蜇等佐酒，不但能吊鲜味，还能除鱼腥，真可谓酒、饭皆用，荤、素咸宜。

绍兴“三缸”——酱缸、酒缸、染缸

182

绍兴乳黄瓜。

绍兴乳黄瓜俗称酱黄瓜、小酱瓜，以上虞的章镇小酱瓜品质最佳。清康熙年间即有大规模种植与加工。

小酱瓜以条形直、粗细匀、表皮薄、质脆嫩、味鲜甜的小黄瓜为主要原料精心制作而成，形态饱满，色泽绛红，柔嫩松脆，香甜爽口，具有增进食欲、清热解毒、解渴利尿等功效，是绍兴酱菜之宝，被称为消费者的尤物。

183

醉品只应越中有，但因他乡无黄酒。

醉品，是以绍兴特产黄酒，加上酱油，浸渍水产、肉类而成的最具酒乡特色的美味佳肴，其最大的一个特点就是鲜。代表性的，有醉鸡、醉虾、醉蟹、醉麻蛤、醉腰花等。

绍兴醉鸡，是一道清爽可口的冷盘料理。将全鸡处理干净后，煮到鸡肉快离骨时切成小块，再用绍兴老酒腌渍两三天即可食用。其味鲜嫩，酒香扑鼻，既可过酒，又可下饭。

184

糟品。

酒糟本是废品。糟品，是变废为宝、物尽其用、为我所用的典范。

绍兴盛产黄酒，将食物埋于酿酒后的酒糟中，加盖密封，便可使食物既吸收酒香，又利于贮藏。

糟类食品，代表性的有糟鸡、糟鱼干等等，可口无比。

185

绍兴干菜学问多。

绍兴干菜是绍兴晒制类系列食品如笋干、虾干、青鱼干等当中的美味佳肴。

晒，就是把食物晒干。所晒食物，有荤有素，品种多样。这一个晒字，既改良了食物的口感与营养成分，又延长了食物的贮藏时间，反映的正是绍兴人的聪明才智。

绍兴干菜褐里透红，香味浓郁，蒸煮后油光乌黑，所以又称乌干菜，是绍兴别具风味的地方特产，尤以上虞秀峰尖岗所产最佳。

绍兴乌干菜的原料很重要，加工很讲究，是绍兴古老的民风习俗与特有的自然环境相结合的产物。

绍兴人向来崇尚节俭，善于以丰补歉，做事留有余地，而干菜正好久藏不坏，越陈越香。

绍兴人外出经商、从政、求学多，干菜正好携带方便，食用方便，既可节省开支，又可使家乡风味常伴身边，避免吃不惯异地饮食的尴尬。

186

绍兴干菜种类多。

绍兴干菜，原料以芥菜为主，油菜次之，白菜再次之，另外还有包心菜等。芥菜中又以细叶芥、大叶芥、猪血芥、九心芥为上，嫩芥尤佳。

有整条不切段的，人称“长条干菜”。因要经过堆黄发酵，且可存放很长时间，所以也称霉干菜。干菜也有与笋一起煮熟后晒干的，人称“笋煮干菜”。将笋与黄豆一起煮熟后晒干的，俗称“笋煮豆”。

187

绍兴干菜吃法多。

绍兴人常以干菜做配料烧制其他各种菜肴，如干菜毗猪肉、干菜烧乌鳢鱼、干菜烧土豆、干菜烧四季豆等，十分可口入味。

干菜是做汤的好作料。绍兴人常常会在烧干菜汤时，放进几只鲜活河虾或虾干，使汤别有滋味，令人胃口大开。

这些年，还流行将菜部头晒干做汤，汤汁更加清口。

188

绍兴干菜效用多。

常言食疗身体好，绍兴干菜可证明。绍兴民间常用陈干菜解暑热，清脏腑，治咳嗽，疗积食。

人有时会感到嘴淡无味，嘴苦难受或厌食，如嚼点干菜，马上便会生津、增欲。

将干菜当零食，少量放在嘴里咀嚼，对防晕车晕船也有一定效果。

有的病人要忌口，但喝干菜汤有益无害。

夏天，在剩菜、剩饭里放点干菜，菜、饭就不易变馊。

189

乌干菜，人人爱。

绍兴人爱吃干菜，如同爱喝老酒，干菜在绍兴人的日常生活中不可或缺。

民谚有云："乌干菜，长下饭，户户人家省勿来。"这"下饭"，在绍兴方言中指的是过饭的菜肴。

难怪清康熙、乾隆二帝下江南到绍兴时，也要尝尝用干菜做的菜肴。

干菜毗猪肉这道菜，相传为明代书、诗、文、画四绝的绍兴先贤徐文长所创，被誉为绍兴“第一菜”，并被收入《中国菜谱》。

干菜毗猪肉的做法是，将干菜切碎，与带皮五花肉在放有白糖的酱油里稍做浸渍，然后一层干菜一层肉毗入碗里，蒸至肉皮酥软发黏。

这道菜的特点是可口、入味，干菜油润香酥，肉糯而不腻，称得上是人见人爱的极好佐餐菜肴。鲁迅先生和周恩来总理生前就特别爱吃这道家乡菜。

干菜毗猪肉

190

鱼干最佳数青鱼干。

绍兴作为典型的鱼米之乡，养鱼自有一套，食鱼也多有讲究。晒干吃便是其中之一，且形成了系列，代表性的有茶油青鱼干。

茶油青鱼干是绍兴的特有食品之一，因在青鱼腌晒后再涂上茶油风干而成，故名。

青鱼是绍兴的四大家鱼之一，因喜食螺蛳，俗名螺蛳青。青鱼呈圆筒形，尾部侧扁，背色青黑，腹部乳白，肉厚刺少，富脂肪，味鲜美，是制作鱼干的最佳鱼种。

191

绍兴茶油青鱼干的制作与食用。

茶油青鱼干一般在每年的立冬后开始制作，分三步完成。第一步，将青鱼自背部从头至尾剖开，挖去鱼鳃与内脏，不去鳞，不清洗，在带血的鱼身上撒擦适量食盐等。

第二步，将鱼放入缸中，压上重石，五六天翻面，十来天起缸，清洗后，再将鱼头、鱼身、鱼尾三个部位用短棒撑开，在太阳下暴晒。

第三步，待鱼肉微干时，涂上茶油，晾于通风处，让其风干。

制成后的青鱼干，既可整条挂藏，也可分段、喷洒烧酒后，装甏贮藏。

青鱼干一般有两种妙食方法。一种是剥去鳞片，洗净后切成小块清蒸,这是雅致斯文的食用法。

还有一种是在蒸熟后趁热去鳞,掰成小块,这是返璞归真的食用法。

蒸熟后的青鱼干,肉味鲜美,别具酒香和茶油清香。

192

神仙鸡与清蒸鸡。

炖与蒸,是绍兴人常用的两种烹饪加工方法。炖,是在食物中加水后,以文火久煮使之烂熟;蒸,是食物不落锅,放在蒸具里蒸熟食用。

炖的代表是神仙鸡。选用一斤半左右的嫩鸡,不加任何作料,文火清炖,滋补价值极高。

蒸的代表是清蒸鸡,一般不放酱油,多用火腿片、香菇、黑木耳、笋片等,加上适量老酒蒸透食用,具有色、香、味俱佳的特点。鲁迅先生在1930年3月15日的日记中写道:"因有绍酒越鸡,遂邀广湘、侍桁、雪峰、柔石夜饭。"这里的绍酒越鸡,大概就是清蒸越鸡吧。

193

绍兴茴香豆。

绍兴民间有"红烧白煮"的食俗。凡白煮,均不加酱油,以食盐为主要咸味来源,即使个别菜必须加酱油的,也是用量极少,且一般不动油锅。白煮的代表,是茴香豆。

绍兴茴香豆,因鲁迅先生的小说《孔乙己》而扬名。其实,它的制作方法很简单。先将蚕豆急火煮熟，再加盐、茴香、桂皮文火慢煮，待水分基本煮干离火冷却即成。

茴香豆五香馥郁，咸而透鲜，回味微甘，酥软清口，价廉物美，一直是绍兴城乡传统的过酒坯与小食品。

民谣唱得好："桂皮茴香豆，谦豫、同兴（绍兴两家老字号酱园）好酱油，嚼嚼韧赳赳，吃了讨添头。"

现在，来绍兴的游客，都以一尝茴香豆为快，还喜欢到咸亨酒店，在曲尺形的柜台前，体验一番当年鲁迅先生笔下孔乙己用茴香豆过绍兴老酒的古朴风情。

"多乎哉？不多也。"

194

绍兴白斩鸡，吃来真有味。

白斩鸡是越鸡最简单的一种加工法。将线鸡净膛后，用清水煮熟，再从锅中取出冷却，斩成小块，用绍兴母子酱油蘸着吃，味道极其鲜美，是下酒、下饭的极佳菜肴。

白斩鸡的加工说是简单，其实也很有讲究，有三个环节需十分注意，否则就会影响品味。

一是不能煮得太久，煮久了会影响口味，不够鲜美。

二是必须冷透，否则斩切时肉块易破碎。

三是斩切时要讲究刀工，肉块要大小适宜，最好用小榔头敲击刀背，以保肉块的匀称与完整。此法旧时常用，现在又成流行之势。

195

绍兴腊品。

腊，是将畜禽肉类以花椒、食盐腌制后，不加酱油，在通风处悬挂风干的食物加工法。

腊类食物最大的一个特点，是一个香字，经蒸煠后，浓香扑鼻，一闻即令人垂涎欲滴、大咽口水。代表性的，有腊鹅、腊猪头等。

196

绍兴油炟臭豆腐。

炟，在绍兴有油炟与水炟两种。油炟，即油炸，是在滚油中炸熟食物。油炟食品，有炟春卷、炟虾球、油炟萝卜丝饼、油炟虾饼、油炟兰花豆等，而最有代表性的，则要数油炟臭豆腐。

油炟臭豆腐，名臭实香，一瞧色泽黄亮，令人为之动容；一闻浓香扑鼻，令人馋不自主；一尝欲罢不能，令人口舌生津。

将其在沸油中炟至金黄饱满、香气四溢时捞起，趁热食用，既脆又松，既可解馋消闲，又可下酒下饭，若蘸以甜面酱或辣椒面，则味道更佳。

油炟臭豆腐

197

绍兴剁螺蛳。

剁螺蛳是绍兴水烜美味佳肴的代表。

绍兴多江河湖泊，所产之螺蛳色青、壳薄、肉肥。螺蛳可用清水烜与油炒两种方法加工食用。两者做法不同，其味各异，各具特色。

这螺蛳前面加一个"剁"字，是因为剁过的螺蛳能用嘴吸出螺肉。越谚中有"清明螺，抵只鹅""剁螺蛳过酒，强盗来了勿肯走"的说法，正是证明了此菜的丰富营养、无比鲜美与独具魅力。

198

绍兴饭焐菜。

焐，是在米下锅加水之后，将菜放在米之上的烹饪方法，所以又叫"饭焐"。

通常饭焐的菜有蔬菜和肉类两种，如饭焐萝卜、饭焐猪肉。这饭焐菜，简便易做，原汁原味，用绍兴酱油蘸食，十分可口。

199

熯。

熯，是在煮饭时，将菜碗置于饭架上，利用煮饭的蒸汽使菜变熟的简便烹饪方法。

用熯之法的，多为易熟的荤素菜肴，如臭豆腐、打鸡子（方言，即鸡蛋）等。

200

绍兴香糕。

绍兴香糕，又香又“高”。香糕俗称糕干，按细磨、缓筛、勤搓、透烘8字方针，经12道工序精制而成。

如果从明代绍兴人、大书法家、户部尚书倪元璐书赠钟同和糕干店“同和香糕”匾算起，绍兴香糕的规模化生产至少已经有400年的历史了。所以，品尝绍兴香糕，也就是在品尝绍兴的历史与文化。

绍兴香糕品种繁多，有以辅料命名的玫瑰香糕、桂花香糕、松花香糕等，也有以形定名的朝笏香糕、鸡骨香糕等。

201

绍兴人爱吃糕。

绍兴民间历来有吃糕的风俗，糕的种类可谓五花八门。

农历过年时，家家户户吃年糕，寓意新年生活、事业步步高。

清明节扫墓时，要做花果糕和艾糕。民间还有吃了清明艾糕，淋雨不会受凉的说法。

九月初九，要吃重阳糕。

婴儿满月，要送汤饼糕。

儿童上学，要吃定胜糕。

结婚喜庆，要有龙凤糕、百子糕。

祝寿祈福要用福禄糕、如意糕和米粉制成的寿桃。

搬屋乔迁时，要送米糕做成的金元宝、银元宝。

平时，还有做茶点用的桂花糕、松花糕、茯苓糕、薄荷糕、乌豇豆糕等。

如今，这丰富多彩的糕，已经成了浓浓的乡愁、亲情与友情。

202

绍兴榨面。

绍兴自古多特色美味小吃，榨面即是其中之一。

榨面，又称米粉干，以有百年历史的章镇秀峰、三界盛岙、崇仁溪滩所产最佳，秀峰等品牌影响颇大。

榨面保质期长，烧煮方便，细软洁净，易于消化。既可做点心，又可当主食。如配以肉丝、鸡蛋、干菜、开洋等作料，尤其鲜美可口。

203

越人饮食习俗对日本的影响。

越人与今之日本在先秦时期已有联系。秦汉时，伴随着交往联系的增加，越人的饮食习俗开始对日本产生极大的影响。

日本的味噌汁、泽庵渍、纳豆、寿司等等，都是在越地腌、腊、霉、晒、风等饮食习俗的基础上，改良而成的。

什么时候，再来一个大大的越风东吹呢？

204

名副其实的“名士乡”。

“名士乡”，是毛泽东主席为绍兴命名的。这“名士乡”究竟有多少名人呢？我们来看看。

“二十五史”为历史上山阴、会稽2县（今绍兴市柯桥区、越城区）的227位名人作传262篇，数量之多，举国罕见。《四库全书总目提要》收录了这2个县的112位作者的164部著述。如果加上今日绍兴市所辖的其他几个县（市、区），数量将会更多。

科举时代，今日的绍兴市域走出了2238位进士，占了全国的1.8%；其中的46位三鼎甲中，状元有27位，占了全国的2.6%。如果计上历史上越州、绍兴的管辖范围，数量将会更大。

有清一代的近300年间，绍兴师爷遍及中央朝廷到地方衙门，以至形成了“无绍不成衙”的美谈。

1921年商务印书馆出版的《中国名人大辞典》，收录了清代以前的500多位绍兴籍名人。

截至2019年，中国科学院、中国工程院的绍兴籍院士多达74位。

这“名士乡”真是名副其实、实至名归。

205

绍兴文人知多少？

绍兴自古出名人，名人个个有文化，其中不乏文人。历史上，越中文风、书风、画风繁盛，涌现了大批杰出的文学家和以书法家、画家为代表的艺术家，为人类创造了丰富而又卓越的精神文化成果。

光明书局1934年出版的谭正璧主编的《中国文学家大辞典》，收录中国历代文学家6800余人，其中绍兴籍213人，占了3.2%。

香港书谱出版社、广东人民出版社1987年出版的陈披云主编的《中国书法大辞典》，收录古今书法家6546人，其中绍兴籍143人，占2.2%。

神州国光社1934年出版的孙䜣公编著的《中国画家人名大辞典》，收录历代绍兴籍画家243人，占总数的近4%。

绍兴无与伦比的风物、得天独厚的人文，无疑是文人们创作的源泉与土壤。

206

绍兴名人三特点。

一是史不绝书，历历可证。夏商春秋，及至明清，古籍所载，未曾间断。难怪明代大文人袁宏道誉绍兴“士比鲫鱼多”，毛主席称绍兴为“名士乡”。

二是三教九流，各类俱备。宋人王十朋谓绍兴有孝、悌、忠、义、廉、逊、智、健者，“优于文辞者，长于吏事者，擢秀科目之荣者，策名卿相之贵者，杀身以成仁者，隐居以求志者，埋光屠钓之微者，晦迹佛老之异者”。

三是群星灿烂，各领风骚。“守斯土者，皆辅相之才；生斯土者，多菁华之彦。”诸多名人，功绩彪炳当时，精神流芳后世。

207

满街都是名人之后。

外地客人来绍兴，想去参观某位名人的故居、祖居、遗迹，向路边的行人打听其具体的位置，说不定被问的这位行人，正好是这位名人的后代；也说不定你所在的位置，正好有这位名人的遗存。

所以，游客在绍兴说话、走路可得十分小心，因为你一不小心大声喧哗，或者一脚踩下去，说不定就会把某位历史名人的梦给惊醒。

208

绍兴的名人故居。

绍兴“士比鲫鱼多”，名人故居自然也多。乡下多，城里更多。县城多，绍兴古城更多，大街小巷，到处都有，举目所及，比比皆是，用不着苦苦寻找，完全可随遇而访。

在绍兴古城，有贺秘监祠、青藤书屋、王阳明故居、刘宗周故居、章学诚故居、范文澜故居、秋瑾故居、鲁迅故居、蔡元培故居、周恩来祖居等等，等等。

这些名人故居，犹如一扇扇门，带你以史为鉴，以史为师，了解光辉灿烂的过去；帮你以人为鉴，见贤思齐，走向更加成功的人生。

209

中华世纪坛,4 位绍兴人。

首都北京的中华世纪坛,是中华民族 5000 余年文明的历史见证,是中华民族跨入 21 世纪的历史标识。

入选世纪坛的 40 位中华文化名人中,绍兴占了 4 位。他们是:千古书圣王羲之,"学界泰斗、人世楷模"蔡元培,一代文豪、民族脊梁鲁迅,现代著名人口学家马寅初。

210

百年北京大学,4 位绍兴校长。

何燮侯,京师大学堂改为北京大学时,担任首任校长。

蔡元培,1917 年 1 月正式出任北京大学校长。此后由他催发、护持的新文化运动,影响、改变了这 100 年来中国历史的走向。

蒋梦麟,少年就学于绍郡中西学堂,是蔡元培的学生,也是北京大学历史上任职时间最长的校长。

马寅初,1951 年 5 月 23 日至 1960 年 3 月 18 日任北大校长。

211

绍兴"五女"。

美女西施。中国古代四大美女之首。

孝女曹娥。绍兴境内的最大一条江曹娥江,就是以她的名字来命名的。

情女祝英台。梁山伯与祝英台的爱情故事,千年传颂,家喻户晓。上虞祝家庄的地名,保留并沿用至今。

才女唐琬。今日绍兴沈园里边,还保存着她与陆游的唱和题壁。真是一曲《钗头凤》,几多伤心泪。

侠女秋瑾。民主革命先烈,千古巾帼英雄。绍兴老乡周恩来总理于1939年3月回乡省亲祭祖、宣传抗日时,曾书赠其表妹王去病一幅斗方册页:“勿忘鉴湖女侠之遗风,望为我越东女儿争光!”

212

山区多名人。

绍兴名人,遍及城市与乡村、平原与山区。柯桥南部山区的平水、王坛、稽东3个镇,既有林山泉水之秀,又有历史文化之盛,是镶嵌在绍兴这方神奇土地上的璀璨明珠。古往今来,这里养育出了刘大白、陈伯平、祝绍周、孙越崎、李季谷、董秋芳、曹素民、孙席珍等诸多的名人志士,他们是大山里飞出的金凤凰。

2004年2月,中国教育出版社出版了《大山之子——绍兴县南部山区名人传略》一书,里边便选录了20多位从柯南山区走出去的现代名人。

这些名人的一个基本的共同点,就是都爱乡爱国,都具有伟大抱负、坚韧毅力、敢闯勇气和律己精神,都为人民、为祖国做了好事。

213

古老的于越人。

于越,是古代百越族的一个分支,是远古时期就生活在今太湖和钱塘江流域等我国东南地区的古老民族。后来,他们以会稽(今浙江省绍兴市)为中心,建立了自己的国家。

越人活动的踪迹,今日可知的最早时间,根据考古调查与发掘,大约在距今45万年前的旧石器时代。

漫长的尊重自然、适应自然、改造自然的岁月,造就了越人尚和、尚学、尚文的基因。

214

越人创造发明多。

越人在长期的生产生活实践中,通过不断的观察、思考、探索、研究,实现了诸多的创造发明,取得了丰富的科技成果。

越国的冶炼技术、汉代的越窑青瓷烧制技术和铜镜制造工艺,在中国科技发展史上,占有显著地位。

春秋时欧冶子铸剑,东汉时魏伯阳著《周易参同契》、马臻筑鉴湖,六朝时阚泽著《乾象历注》、虞喜首先发现岁差现象、谢平首创钢铁“杂炼生鍒法”,明代时汤绍恩建三江闸、张景岳创“绍派伤寒论”等,均已载入中国冶金、化学、天文、水利、医学史,成为中华民族的骄傲。

215

越人是稻作农业的重要发明者。

嵊州小黄山遗址，是迄今发现的长江中下游地区规模最大新石器时代遗址。其中还出土了人工栽培稻遗存及相应的石磨盘等粮食加工遗存。

这一发现证明，越人在10000年前已经开始了人工栽培水稻，长江下游地区同样是中华文明的发祥地，中国是世界稻作文明的最早起源地之一。

216

静电现象的最早记载。

东汉初的上虞人王充，不但是一位伟大的唯物主义思想家，还是一位伟大的文学批评家、自然科学家。

与王充同时代的会稽太守谢夷吾曾上书汉章帝，推荐王充的才学，称："充之天才，非学所加，虽前世孟轲、孙卿，近汉扬雄、刘向、司马迁，不能过也。"

谢太守的这个评价，既是极高的，又是客观的。王充的代表性著作《论衡》，的确是一部具有里程碑意义的、百科全书式的著作。他在其中的"乱龙篇"中描述的"顿牟掇芥"，即经过摩擦的琥珀或玳瑁能吸引细小物体，这是我国关于静电现象的最早记载。

217

人类最早的炼丹术专著。

东汉时，上虞人魏伯阳，著成了被后人誉为“丹经之王”的《周易参同契》一书。

《周易参同契》寓意炼丹之道与易理融会贯通。“参”即杂，“同”即通，“契”即合。这是世界上现存最早的炼丹术专著，在世界科技史上占有重要地位。魏伯阳也因此而成了中国古代伟大的炼丹家，道教炼丹理论的奠基人，堪称丹经之祖。

218

我国灌钢法炼钢的鼻祖。

谢平，是南朝齐上虞人，我国古代杰出的冶炼家、钢铁“杂炼生鍒法”的发明人。

绍兴乡贤范文澜先生在其《中国通史》第二册中写道，“吴越在春秋时期最先发明渗碳钢”，“齐时上虞人谢平创制刚（钢）朴，号称中国绝手”。

219

能工巧匠的代表。

在越地“焉能缕数”的人才当中，各类能工巧匠多因位卑言轻而被

"文字历史"的记录者们忽视，能留下姓名的，实在是少得可怜。

目前所能见到的生产越窑青瓷的工匠的名字，最早的是在汉魏六朝时期。如宁波鄞州出土的东汉越瓷双系盘口壶底足上，刻有隶书"王尊"二字；江苏南京出土的越瓷虎子上，刻有"赤乌十四年(251)会稽上虞师袁宜作"款铭；江苏金坛出土的六朝早期越瓷扁壶的一侧，刻有"紫是会稽上虞范休可作坤者也"字样。

会稽铜镜、会稽砖甓等上面，也偶有此类铭刻。

可惜的是，绝大多数的瓷工、镜匠、砖师的名字，既未铭刻于器物之上，也不载录于史册当中。

然而，这些"瓷父""镜父""砖父"的丰功伟绩，却永远地融入了人类自身的血脉和人类文明的长河之中。

绍兴不但创造发明者多、能工巧匠多，圣人、伟人亦真是不少，譬如舜、禹。

220

古有三圣，越兼其二。

这句话，出自宋宝庆《会稽续志》卷八孙因《越问》。其原文是"越，舜、禹之邦也。古有三圣人，越兼其二焉"。

中国古代评价伟人的最高标准，是将其中道德最高尚、智慧最高超、行为最完美的人，称为圣人。

孙因讲的古代尧、舜、禹 3 位圣人，后 2 位便直接与绍兴相关，他们都与越地结下了不解之缘，建立了生死情谊。

221

大舜大公无私。

舜与鲧都曾是尧十分信任的部下，但舜秉公办事，将治水无功、失职渎职的鲧处死了。

鲧是禹的父亲，舜由此成了禹的杀父仇人。然而，舜为了公众利益，不顾自己也有子嗣，居然又选择禹作为自己的接班人，将部族领袖的位置禅让给了禹。这真是一种大公无私的精神。

绍兴有舜王庙，见证着舜的伟大。舜王庙的戏台上，悬挂着“不图至斯”（也可读成“斯至图不”）匾额。这四个字的意思是，已经到了这个地方，已在从事这份职业，已然坐在这个位置，唯一的愿望，就是在这个地方留下痕迹，为这项事业推波助澜，给这个位置锦上添花，再也没有其他任何的想法。这既是对舜王高尚思想情操的真实写照，也是对后来人的谆谆教诲。

舜王庙小声闻天，福泽中华功无边。家有子嗣全不顾，禅让美名传万年。

222

美国人也崇敬舜。

罗宾教授是美国康奈尔大学亚洲系的主任，主要从事中国上古史的研究，他能讲一口流利的普通话，偶尔还会讲几句绍兴“土话”。

2011年的农历九月廿七，是他第三次专程来绍兴参加舜王庙的庙会。而他三番五次前来，居然是为了通过庙会这种民俗传统，追溯大舜时代的那段历史。

一个美国人，不远万里，来到绍兴，以这样一种可贵的精神来研究中国人心目中的圣人，不正是说明了大舜是人类共同的圣人吗？

223

司马迁“上会稽，探禹穴”。

司马迁在《史记·太史公自序》中写道，“迁生龙门”，而龙门又与治水英雄、立国始祖大禹联系在一起。司马迁以自矜、自足、自豪的心情写下的这4个字告诉我们，大禹的龙门业绩不可磨灭，司马迁心目中的大禹形象不可磨灭。

司马迁还进一步写到自己“二十而南游”，其中一个重要的目的，是“上会稽，探禹穴”，亲身领略和感受大禹的功德。

司马迁这一“上”一“探”的举动，反映了他实地考察的严谨学风，表明了他对大禹归葬地的不二肯定，体现了他对越地的深厚感情。

224

精一危微。

绍兴舜王庙的4根石柱的上端，刻着“惟精”“惟一”“惟危”“惟微”8个字。绍兴大禹陵的禹庙大殿内，挂着康熙皇帝巡越祭禹时的题联——“江淮河汉思明德，精一危微思道心”。

“精一危微”这4个字，正是对舜、禹2位圣人的贴切评价。

精一危微的“精”，就是精益求精、精妙绝伦的事业追求，精雕细刻、精耕细作的干事作风。

精一危微的“一”，就是一心一意、一瓣心香这样一种忠诚的待人态度，一板一眼、一步一脚印、一棒一条痕这样一种扎实的处事风格。

精一危微的“危”，就是危言危行，说正直的话，做正直的事，以此作为立身标准、立业基础；就是危在旦夕、危如累卵、危如朝露的危机意识；就是临危不惧的大将风度，临危受命的责任意识，临危授命、临危致命的舍身勇气。

精一危微的“微”，就是微言大义这样一种通俗言理的智慧和教化天下的情愫；就是微不足道这样一种战略上藐视困难的英雄气概；就是见微知著、见微知萌的先见之明、洞察能力，善于从细微的事情上看到事物的本质和发展的趋势，看到事物运动变化的规律。

225

越王勾践“有禹之遗烈”。

越王勾践卧薪尝胆、励精图治，最终反败为胜，成就霸业，造就了越国开国以来最辉煌的一段历史，成为越国发展史上最伟大的一位君王，在中华民族的发展史上也留下了浓墨重彩的一页。

《清华大学藏战国竹简·越公其事》，详细揭示了越王勾践卧薪尝胆、励精图治的全过程：先是无为而治，休养生息，以此“安民”；随后，推行“五政”，以此“用民”。

“五政”即：“好农”，重视农业，发展经济；“好信”，文化育人；“征人”，征四方之民，增长人口；“好兵”，扩张军力；“饬民”，修命令，明法度，严刑罚。

难怪司马迁在《史记》中为勾践专列“世家”，并将他与大禹并列点评，称：“禹之功大矣……及苗裔勾践……可不谓贤哉！盖有禹之遗烈焉。”

勾践卧薪尝胆

226

越国美女西施。

人们一讲到越国，便想到西施；一讲到吴越争战的惨烈，便想到越女西施的美丽。的确，西施是吴越历史的见证，人类美丽的化身。

西施姓施，又称先施、西子、浣纱女，越国苎萝（今绍兴诸暨）人，这是历史的定论。

现在，有的地方以物质利益、哗众取宠为目的，抢名人故里，发奇谈怪论，实在是有悖西施之美，应该自惭形秽。

不过，这个“抢”也是从另一个角度证明了西施之美、西施之伟。难怪会“情人眼里出西施”。

“情人眼里出西施”这句话，出自清代杜文澜辑《古谣谚》中所引的《复斋漫录》。

情人看情人，往往是最美丽的。这西施，便是尽善尽美的化身与代名词，难怪名闻天下的杭州西湖，也用西施来比喻自己的美丽。

西施之美，是貌美、心美、持久美。叶正明先生编纂的《历代名人咏西施》，几乎囊括了自南北朝至清代所有歌颂西施的诗与词。这些诗词，或许是对西施之美的最好诠释。

西施浣纱

227

越地多美女。

越地自古多美女，美女通常称越女，西施、郑旦是其中的典型代表。

越地多美女，当是山好水好生态好、鱼好米好生活好、教好训好素养好的缘故。

228

越女有“五美”。

一有洁白之美。唐代大诗人杜甫，20岁起流连越地长达4年之久。暮年，在其阅尽人间春色后的自传体《壮游》诗中，留下了“越女天下白”的赞美之句。诗仙李白4次游越，有感而发，作《越女词五首》，也以“耶溪女似雪”来赞美越女。这一“白”一“雪”，写尽了越女的洁白无瑕与清纯阳光。

二有花颜之美。金末元初的著名文学家、历史学家，有“一代文宗”之誉的元好问，在其《后平湖曲》中，称“越女颜如花”。唐代大诗人王维在《洛阳女儿行》中，称“越女颜如玉”。李白有越女“新妆荡新波”的佳句，极言越女梳妆打扮后，锦上添花，“新妆”与“新波”相互辉映的佳绝景象。“如花”“如玉”“新妆”“新波”，将越女之美写到了极致。难怪越女的杰出代表西施，早就有了“沉鱼”的雅称。

三有明眸之美。鲁迅先生在《赠人》诗中，有“明眸越女罢晨妆，荇水荷风是旧乡”句。这“明眸”一词，大有画龙点睛之效，点出了越女之美的要害之处。

四有善侍之美。西汉辞赋家枚乘的《七发》中，有“越女侍前”句，想必这越女一定是位相夫教子的贤妻良母。相夫教子，正是越女内在美、心灵美的集中展示。

五有多技之美。《吴越春秋·勾践阴谋外传》载：“越有处女，出于南林……越王乃使使聘之，问以剑戟之术……号曰‘越女’……以教军士。”王充在《论衡·别通》中载:“剑伎之家,斗战必胜者,得曲城、越女之学也。”由此看来,在心灵的同时手巧,有一技之长、多艺之才,是越女美的一大标志。

229

中华商祖范蠡。

范蠡是楚国人,后成为越王勾践的大夫,为勾践灭吴称霸出谋划策,功劳卓著,是悠悠中国历史上善作善成的政治天才。

勾践灭吴后,他见好就收、急流勇退,下海经商、诚信致富,去过自己想过的生活,是历代名臣良将中善始善终的人生典范。

他不但善于聚财,而且乐于散财;不但乐于散财,而且还热心帮助人家发财。他因此而被视为商祖、财神、慈善祖师,是漫漫 2500 多年来善眉善眼的中华商圣。

为了纪念这位政界奇才、商界始祖,今绍兴在他当年筑勾践小城的地方,建起了范蠡广场与范蠡祠,还树立了“中华商祖”范蠡纪念碑。

范蠡善于因时、因地、因人经商。清代张宗法在《三农纪》中记载:“虽陶朱致富有鹅,亦取乎水养之利云。”这就说明,早在 2500 多年前的春秋时期,越人已在因地制宜、借水之利,大规模地养鹅了。

230

秦始皇巡越。

继越王勾践与他的同事们之后,对越地人文产生重大历史性影响的，要数千古一帝秦始皇了。

秦始皇是中国历史上为数不多、酷爱出巡的帝王之一。从公元前220年开始，在他近1/4的皇帝生涯中，8次“亲巡天下，周览远方”。《史记》中记载，越地是他最后一次出巡的目的地。秦始皇由此成了第一位巡视越地的皇帝。

秦始皇巡越，目的有三。

一是祭拜大禹，以示大统。既表明自己君临天下的正统地位，又彰显自己一统天下的雄才大略。

二是歌颂秦德，弘扬秦风。这可以从《会稽刻石》中，得到充分的证明。

三是恩威越人，稳定越地。如果说上会稽、祭大禹、立石刻、移风俗，是对越人施恩怀柔，显示皇恩浩荡的话；那么，将越人外迁、徙刑徒入越、易名大越为山阴、防“滨于江南海上”的越人反抗、着令遣戍越人开凿“陵水道”运河，则是在“示强”越地、“威服”越人，充分显示皇权的威力。

231

项羽是失败了的英雄。

项羽与其叔父项梁从楚国来到越国后，睦邻友好，在其生活地留下了“项里”等地名。

秦朝末年，他与叔父起兵反秦，为灭秦立了头功。但最后在与刘邦的较量中，他还是失败了。

从古到今，都是以成败论英雄，而项羽似乎是个例外。他虽然失败了，但千百年来，人们还是视其为英雄壮士。

“生当作人杰，死亦为鬼雄。至今思项羽，不肯过江东。”李清照的这首诗，表达的正是千百年来，人们对这位英雄的崇敬之情。

如果说越王勾践是一个特例的话，那么，项羽称得上是一个标志，标志着越地名人辈出景象的开启、人文荟萃历史的开始。

232

朱买臣衣锦还乡。

西汉会稽人朱买臣出身贫寒，青少年时靠卖柴度日，然胸怀大志，刻苦好学，其妻却因不堪困苦而离家。

后来，朱买臣取得了功名，并因献平定东越王之策，而被汉武帝任命为会稽太守。临行前，武帝对买臣说：“富贵不归故乡，如衣绣夜行，今子何如……买臣顿首谢辞。”

朱买臣这一履任，为国家立下了击破东越、巩固一统的大功劳，为家乡产生了张马桥与张马弄、汲水弄与覆盆桥、仰盆桥与望郎桥等地名。

这些地名的本意，是在告诫后人，夫妻贵在同甘共苦、相爱相守。而其深意，则在于告诉人们，知识改变命运，为官必须为民。绍兴代有才人的景象，正是从朱买臣等榜样们开始的。

233

丝绸之路安全的第一位护卫者郑吉。

西汉会稽人郑吉,以卒伍从军,数出西域。汉宣帝神爵三年(前59),嘉其护安西域之功,任命其为西汉首任西域都护,封安远侯,统辖西域36国。都护之置,自吉而始,统领西域诸国达70余载。难怪《汉书》卷七十中这样写道:“汉之号令班西域矣,始自张骞而成于郑吉。”

郑吉任西域都护后,治乌垒城,镇抚诸国,诛伐怀集,为丝绸之路提供了安全保障,称得上是丝路安全的第一保障者;同时,也标志着西汉开始在西域行使国家主权,新疆成为中国统一多民族国家的一个组成部分。

800年后,唐代边塞诗人岑参饱含深情地作了16首诗,歌咏丝路要冲轮台。

1200年后,越中老乡、南宋大诗人陆游作《十一月四日风雨大作》诗:“僵卧孤村不自哀,尚思为国戍轮台。夜阑卧听风吹雨,铁马冰河入梦来。”想必放翁在这个风雨大作的夜晚,是梦到了郑吉这位为国争光、为乡添彩的国之栋梁、乡之贤杰的。

2000多年过去,郑吉雕像矗立在新疆的轮台县博物馆,令人遐思无限、浮想联翩,恍若历史与现实近在咫尺,又见到了郑吉当年屯垦戍边、保护丝路时,曾经飘拂过的旌旗、驰骋过的战马。

234

“一钱太守”刘宠。

东汉时会稽太守刘宠，清廉爱民，深受百姓爱戴。其离任时，治所所在的山阴县百姓前往送行，均以百钱相赠。刘宠感到盛情难却，便取一钱投之江，江水益清。

后遂以“一钱太守”赞称循吏清官，钱清地名亦由此而来，并沿用至今。

当年乾隆皇帝南巡祭禹时途经钱清，作诗相赞：“循吏当年齐国刘，大钱留一话千秋。而今若问亲民者，定道一钱不敢留。”今诗碑存于绍兴市柯桥区钱清镇的一钱太守公园内。

绍兴小百花越剧团有《一钱太守》大戏，纪念和宣传这位了不起的好官。

金碑银碑不如口碑，人心是史口是碑。这口碑，表达的是老百姓对好官的感激与期待。

235

张霸尊贤尚文。

东汉会稽太守张霸，是一位尊爱贤士、崇尚文化的好太守，《后汉书》卷六十六列传第二十六专门为他列了传。

张霸到任后，通过信函感化，开诚布公，使盗贼“束手归附，不烦士卒之力”，出现了“盗贼尽，吏皆休”的喜人局面。

他极力向朝廷举荐郡中贤士，重用有学业操行的人。

由于他的尊贤尚文，郡中之人相互鼓励，立志保有节操，学习经传的人数以千计，甚至连道路上也听得到读书的声音。

越中好学向上之风，正是在张霸们的倡导下，逐渐形成以至弥漫起来的。由此可见，为官一地的影响，有多么的巨大与深远。

张霸临终前，告诫他的儿子们："人生一世，但当畏敬于人，若不善加己，直为受之。"

一生敬畏别人，以自己的正直，来承受与回击加在自己身上的不善之事。这既是张霸这位好人与好官对自己一生的自我总结，也是他可贵、豁达的人生观的真实反映。

236

千古绝响《广陵散》。

三国时上虞长塘广陵人嵇康，少有奇才，尤精乐理，以善弹《广陵散》而善名当世。许多人想从其学，均被谢绝。嵇康40岁时被诬陷致死，临刑时弹此曲，曲罢掷琴，长叹曲绝。

《广陵散》共45段，音曲清和，声调绝伦，听来令人心驰神往，恍入仙境。

如果嵇康再生，将已绝响1700余年的中国著名古曲重新弹响，那必定会轰动寰宇。

如果将广陵村保护好、建设好，想必是会成为音乐家们的朝圣之地的。

嵇康弹奏《广陵散》

237

三国两晋时会稽多印度、西域人。

西晋武帝太康时，西域僧幽闲在剡县澄潭（今属新昌县）卜筑新建寺，成为外来僧人在越地建造的最早寺院。

近年来出土的三国两晋时期的越窑青瓷谷仓罐上，大量堆塑形态多样的胡僧，说明在当时的越地，当有数量不少的来自印度与西域各地的僧人。

在那个交通十分不便的年代，这么多的外域人来到会稽，既说明佛教在越地的兴旺，也说明越地对外开放与交往的历史有多么的悠久。

238

王羲之池水尽墨。

唐宋八大家之一的曾巩，在其《墨池记》中写道，王羲之当年十分羡慕张芝的书法，持之以恒、不厌其烦地临池学书，以致后来池水也成了黑色。

可见，王羲之成为书圣，是勤学苦练的结果。持之以恒，终有所成，是成功者的经验。

王羲之临池学书，洗笔频繁，池水尽墨

239

王羲之爱鹅。

《晋书·王羲之传》中，记有王羲之写经换鹅的故事。

王羲之“性爱鹅”，“山阴有一道士，养好鹅，羲之往观焉，意甚悦，固求市之。道士云：为写《道德经》，当举群相赠耳。羲之欣然，写毕，笼鹅而归，甚以为乐”。

他还因“求市”“善鸣”之鹅“未能得，遂携亲友命驾就观”。而老太太听说王羲之要来，高兴地把鹅杀了煮熟欢迎他，结果王羲之“叹惜弥日”。

此外，今绍兴兰亭以及王羲之舍宅为寺的戒珠寺等地，还保存着鹅池、鹅碑。

王羲之爱鹅成癖，养鹅成群。白鹅的高洁形象与优雅举动，对王羲之创作灵感的激发，或许具有促进的作用。

240

题扇桥与躲婆弄。

《晋书·王羲之传》中，记载了这样一段佳话：王羲之任会稽内史时，曾经在蕺山看到一位老婆婆在卖六角竹扇，但买的人不多，于是便在每把扇上题写了五个字，并让她告诉人家是王羲之题写的，扇子就可以卖一百钱一把。老婆婆这样做了，扇子果然很好卖。

于是老婆婆又拿扇来，一见王羲之便请他题写，而王羲之总是笑笑不说话。后来，实在没办法，王羲之便躲开老婆婆从另一条弄堂行走。

这便是题扇桥这个桥名与躲婆弄这个地名的由来。这桥与弄，一叫便是1600多年，至今仍在。

241

僧祐凿成新昌大佛。

南朝时的梁武帝萧衍，是位虔诚的佛教徒。他派当时最有名望的佛学家、佛教建筑和佛像雕塑大师僧祐，来到石城，历时3年，在前人的基础上，凿成了江南第一大佛。

雕凿石城大佛的施主，是梁武帝的异母弟建安王，而实际上布施来自梁武帝。大佛凿成后，南朝著名文学理论家、艺苑秘宝《文心雕龙》的编者刘勰，撰写了《梁建安王造剡山石城寺石像碑》。

僧祐与弟子、上虞人慧皎，是律宗在会稽的始传者。僧传体的开山作《高僧传》一书，便是由慧皎编写的。

《高僧传》内容精审，义例明确，条理清晰，文采斐然，成为历代僧传的楷则。

242

智永的“退笔冢”与“铁门限”。

智永是王羲之的七世孙，人称永禅师。他的书法成就，同样是刻苦勤奋、持之以恒的结果。

唐人李绰所撰笔记《尚书故实》中说，智永“积年学书，后有秃笔头十瓮，每皆数石”，“后取笔头瘗之，号为‘退笔冢’”。

书中还讲到，由于前来觅书请题的人太多，以至“所居户限为之穿穴，乃用铁叶裹之，人谓为‘铁门限’”。

243

鉴真大师与越州。

律学大师鉴真第三次东渡日本前，曾在越州龙兴寺讲律授戒。

当时越州僧人以为日本僧人荣叡欲诱鉴真往日本，便报告州官，于是山阴县尉便遣人将荣叡枷递京师。这从一个侧面反映了鉴真这位大德高僧在当时的崇高威望，也证明了越人对鉴真的由衷崇敬。

应该说，鉴真对越州也是很有感情的。一方面，隋唐五代时，越州是浙东律宗的传播中心；另一方面，当年为鉴真授菩萨戒的，是常住越州龙兴寺的道岸，而道岸又是号称唐中宗、唐睿宗、武则天、唐玄宗四朝帝师的会稽籍高僧文纲的高足。

244

贺知章的乡愁。

贺知章85岁时，病后初愈，即请求告老还乡。唐玄宗念其德高望重，下诏应允，并亲作《送贺知章归四明》诗相赠。这是叶落归根、思乡心切的乡愁。

“少小离家老大回，乡音无改鬓毛衰。儿童相见不相识，笑问客从何处来。”这是人事代谢、百感交集的乡愁。

“唯有门前镜湖水，春风不改旧时波。”这是物是人非、触景生情的乡愁。

贺知章这一回乡，不仅留下了学士街、贺秘监祠等地名，更留给了无数游子无法自已的乡愁。

245

百代师表范仲淹。

北宋时著名文学家、政治家、军事家、教育家范仲淹，曾于仁宗宝元、康定年间，以吏部员外郎知越州。

在越州任上，范仲淹大兴清白之风、办学之风与传家之风，影响深远，至今仍为人们所乐道。

一是宣扬清白之风。

范仲淹有感于衙旁之井泉“清白而有德义，为官师之规”，乃称其为“清白泉”，署其堂为“清白堂”，构亭于其侧曰“清白亭”，并作《会稽清白堂记》，与同僚共勉“庶几居斯堂，登斯亭，而无忝其名哉”。

此后，清白泉为历朝清官所重。明代知府戴琥撰文、黄璧书丹的《复清白泉记》碑，清代知府施肇元撰文、会稽推史唐九经书丹的《清白泉记》碑，现完好保存于府山越王殿前。

1982 年，当地政府又对清白泉进行了疏浚，重建了清白亭，筑起了照壁，镌立了《重浚清白泉记》碑。

二是掀起办学之风。

范仲淹将办学作为头等大事，育才作为百年大计，在卧龙山西岗，创建了稽山书院，聘请著名学者、新昌人石待旦担任山长，还敦请大学者李泰伯等来此讲学，吸引了四方的求学者。

在他的率先垂范与组织、倡导下，州内各县“多自置学，聘名儒主之”，办学之风大兴。

三是弘扬传家之风。

范仲淹的先祖是越王勾践的得力助手范蠡。在任期间，范仲淹作《题翠峰院·范蠡旧宅》诗：“翠峰高与白云闲，吾祖曾居水石间。千载家风应未坠，子孙还解爱青山。”从中可以看出，他既为千年家风依然而自豪，更表明了传承家风、清白为民的心志。

虽然范仲淹知越才一年多时间，但为越人办了诸多好事，给越人留下了良好而深刻的印象。后人建“希范”亭，立“百代师表”坊，设范文正公祠堂，以感谢与纪念这位世人心目中的好官。

范蠡、范仲淹、范文澜这范氏三杰，像三颗耀眼的明星，闪烁在中国的历史天空上。而维系他们2000多年的红线，则是一脉相承的清白家风。

246

陆游爱国、敬业、尚和。

一是爱国。

陆游是一位为国家奋斗了终生的战士。他“一寸赤心唯报国”，在生命的尽头还“但悲不见九州同”。

陆游爱国的生动体现，是爱家乡，爱家乡的山水人文。他对鉴湖特别有感情，写了近千首讴歌鉴湖的诗，自谓“五十年来住镜湖”、终身“长歌歌镜湖”，始终“记取镜湖无限景”，担心“久着朝服负此湖”。他真是一位爱乡的楷模。

二是敬业。

陆游从政、学剑、钻研兵书，一丝不苟；作书、写史、创作诗词，一尘不染。

这种敬业精神，尤其表现在他的诗词创作上。他“六十年间万首诗”，至今尚存9300首，是我国历史上最杰出的诗人之一，也是留下诗作最多的诗人。

他活了86岁，46岁以前所创作的，只留存了200多首，其中42岁以前的仅存54首，这是他自己严格要求、精益求精删选的结果。

他的诗词，既非无病呻吟，也非空穴来风，多是现实的写照、人生的感悟。

三是尚和。

陆游一生经历了科举落榜、怀才不遇、政敌打压、爱情失意、遭人非议等种种磨难，但始终保持了“零落成泥碾作尘，只有香如故”的可贵操守，保持了一颗为官为人、为臣为民的平常之心、平和之心。

他钟情山水、执着生活，特别崇尚和向往一个“和”字。他在诗中写道：“镜湖四月正清和，白塔红桥小艇过。”“白头万事都经遍，莫为悲伤损太和。”“莫笑蓬门雀可罗，老农正要养天和。”或许正是这个“和”字，成就了他的长寿。

尤其是在生命的最后二十来年中，陆游长期生活在山阴农村老家，与农民为友，更是保持了“眼明身健何妨老，饭白茶甘不觉贫”的乐观心情、“山重水复疑无路，柳暗花明又一村”的宽慰心境和“小楼一夜听春雨，深巷明朝卖杏花”的恬淡心绪，真正做到了与人与己、与山与水、与天与地的和谐。

247

干吏汤和固海防。

汤和早年跟从明朝开国皇帝朱元璋起兵，后来成为一位成远算不恤近怨、任大事不顾细谨的干吏。

他于明太祖洪武二十年(1387)，在绍兴滨海地区建成了三江所城与沥海所城，还建立了三江、白洋、黄家堰3个巡检司城以及相应的守兵制度。像这样的城戍，汤和在东部沿海地区一共建了59座。这是我国海防建设史上的一件大事。

国防的出发点与落脚点从来都在一个“防”字，有防方能少患无患，无防必然要有代价。海防也是如此。汤和搞的这些海防工程，一时使“浙人颇苦之”，却起到了长远、良好的震慑与防范作用。150多年后，“东南苦倭患，(汤)和所筑沿海城戍，皆坚致，久且不圮，浙人赖以自保，多歌思之。巡按御史请于朝，立庙以祀”。

从一时的“浙人颇苦之”，到长远的“浙人赖以自保”，我们看到了这位好官“成远算”的战略眼光、“任大事”的责任担当，也看到了老百姓付出的回报与感恩的情怀。

248

了不起的航海家马欢。

郑和下西洋，既是弘扬中华文明的盛事，又是世界航海史上的壮举，而马欢作为与郑和一起下西洋的了不起的航海家、翻译家，其中所做出的贡献，自然是不可忽视的。

马欢是会稽县人，号会稽山樵，回族，信伊斯兰教，通阿拉伯语，参与了郑和的第四、第六、第七次海航，到过20多个国家与地区，去伊斯兰教圣地朝过圣，还陪10个国家的使节到北京访问。

马欢回国后，写成了《瀛涯胜览》一书。该书与费信的《星槎胜览》、巩珍的《西洋番国志》，是郑和下西洋流传至今的3本最原始的文字记载书，留下了当时西洋各国有关风土人情、气候物产、历史地理、航海交通等方面的珍贵资料。

马欢是巩固发展海上丝绸之路的有功之臣，是作为我国最早的海洋民族的越人中的一颗光耀千秋的明星。至今，南洋还留有马欢岛等地名。

249

阳光明媚照我心。

王阳明先生出生于明代的绍兴府余姚县。在今日之绍兴，有他的故居与观象台，以及修炼的阳明洞天、讲学的稽山书院、归葬的兰亭墓地等众多的遗迹。

王阳明在绍兴有3个“最”:生活时间最长,有二十来年;讲学时间最长,有八九年;最后又归葬在自己亲自选址的兰亭鲜虾山。

绍兴是阳明故乡、心学圣地。王阳明与其他的绍兴名人一起,是绍兴未来发展的重要战略资源。绍兴理当成为中国乃至世界阳明学的中心。

会稽古来多异俊,龙场悟道何苦辛。知行合一致良知,文武双全传人文。德功言美三不朽,孔孟朱后又一圣。平生难得常从容,阳光明媚照我心。

守仁格竹

250

全才徐渭。

徐渭是大书法家，他的书法与明代早期沉闷的书风相比，显得格外的清新，其狂草更是气势磅礴，空前绝后。

他是大诗人，《四库全书总目》称“其诗欲出李白、李贺之间”。

他是大文学家，是晚明小品文的先驱，《四库全书总目》甚至称“其文源出苏轼，颇胜其诗”。

他是大画家，是中国泼墨大写意画派的创始人、青藤画派之鼻祖。郑板桥自称为青藤门下走狗，齐白石谓恨不得为青藤磨墨理纸，吴昌硕赞青藤为画中圣。

他是大戏剧家，明代最杰出的戏剧家汤显祖，在读了他创作的《四声猿》后，叹喟“词场飞将，辄为之演唱数通”。

他是大军事家，为抗倭平寇出谋划策，功勋卓著，《明史・徐渭传》称“渭知兵，好奇计”。

他是大历史学家，编纂了独具特色的《会稽县志》，其中的序文和各志的总论，完全出自他的手笔。

他还是古玩字画鉴定家、民间文学家、美食家、旅行家。

全才徐渭

251

谐谑王思任。

晚明时，绍兴出了一位以谐谑闻名的大文人，这便是小品文名家王思任。

王思任晚年自号“谑庵”，还以诙谐幽默的谐谑格调自赞：“兴还高，人不腐。舌如风，笑一肚。要读书，恨愚鲁。半通今，半博古……酒不让，棋堪赌。爱山水，怕官府。”

同时代的老乡、文学家、史学家、茶艺高手张岱，称其“调笑狎侮，谑浪如常”。明末清初文学家钱谦益，称其“好以诙谐为文”。近人周作人曾作《关于谑庵〈悔谑〉》文，称“谑庵一生以谑为业……一方面是由于天性，一方面也有社会的背景”。

三位古今文坛代表性人物所言的，正是王思任为人为文最具标志性的美学风格。

252

人正事勤、书画俱工的倪元璐。

倪元璐是明代上虞人，熹宗天启二年(1622)进士，官至户部尚书兼翰林学士。他为人耿直，勤于政事，工于书画。李自成克京后，他自杀而成仁，是一位外柔内刚、铁骨铮铮的典型绍兴人。

253

最受称道的文学启蒙读本《古文观止》。

清代绍兴府山阴县州山人吴楚材、吴调侯叔侄俩编著的《古文观止》，共 12 卷，收录上自先秦、下至明末优秀散文 222 篇，篇末均加简要评注，风行海内，时人将其与《唐诗三百首》合称为双璧。时至今日，仍然是最受称道的文学启蒙读本。

吴楚材后来还编成《纲鉴易知录》，作为当时的初级历史读本，同样深受学界欢迎。

绍兴人不但善于著书立说，同样也善于选辑编纂。选辑考验的是甄别的能力，其难度不见得比著书小；编纂检验的是创新的水平，其艰辛不见得比立说少。

《古文观止》与《会稽掇英总集》等，都是属于顶尖级的文学类书。

254

有功于《四库全书》的绍兴人。

《四库全书》是中国文化史上的空前杰作，几乎囊括了清乾隆以前中国历史上的主要典籍。绍兴人在这部巨书的编纂过程中，满腔热情、尽心尽力，发挥了举足轻重的作用，做出了不可磨灭的贡献。

一是朱筠建议、参修、献书。朱筠的祖籍在绍兴府萧山县，他当年上书建议乾隆皇帝编纂大型类书，直接促成了《四库全书》的编纂。与此同时，他还充任纂修官，私人献书37种。

二是周永年等三贤参修、献书。绍兴府余姚县周永年所建的借书园，是我国近代图书馆的滥觞。其所著的《儒藏说》，是编纂《四库全书》的先声。他主持编修《四库全书》之子部，功绩卓著。邵晋涵与周永年同为乾隆三十六年(1771)进士，他主持《四库全书》之史部的编修工作，《四库提要》也多出其手，同样功绩卓著。张羲年是《四库全书》的七任总目协勘官之一，并参与全书的编纂与分校工作，功绩非同一般。

三是吴寿昌献书。《四库全书》编纂初期，从民间广泛征集图书，绍兴人纷纷响应，吴寿昌堪称代表。吴寿昌是柯桥州山人，祖孙两代进士，家学渊源深厚，一生著述甚丰，尤工山水咏物，其《乡物十咏》诗，如《日铸茶》《东浦酒》《平水冬笋》《型塘杨梅》《陶堰艾糕》《斗门鳗线》《宾舍牡丹》等，充满乡情乡愁，最为世人所称道。

255

尺牍之最《秋水轩尺牍》。

尺牍，是颇具中国特色的传统书信。在古往今来林林总总的尺牍中，《秋水轩尺牍》堪称是版次最多、影响最大的尺牍。

《秋水轩尺牍》的作者许葭村，山阴人，主要生活在乾隆、嘉庆、道光年间，是绍兴师爷的典型代表。书中分议论、自述、思望等 19 类，收录了 229 篇书札，堪称书信大全。全书内容翩翩，文辞雅丽，变化错综，流动生姿，绝无堆砌板滞之弊，深得六朝逸致之风。

连最普通不过的书信都能写出如此之名堂，恐怕也只有绍兴人才能做到了。

256

别出时俗的书画家赵之谦。

赵之谦是清代会稽人。他官做得不大，知县而已；学历也不高，举人而已。但他文功颇具，主修了《江西通志》，诗、文、书、画、篆刻无所不能，尤以书、画、篆刻自成一格，别出时俗，名满海内。

257

徐树兰爱乡为民。

越中自古多乡贤,乡贤自古多爱乡。清末山阴人徐树兰,即其中之代表。

他热心文教公益。捐千金开办绍郡中西学堂(今绍兴一中前身),自任督办,开绍兴近代教育之先声,后改为官办绍兴府学堂。出资兴建古越藏书楼(今绍兴图书馆前身)于古贡院,为近代中国第一个公共图书馆。

他致力水利建设。捐资筑三江至斗门的万丈海塘,作《引清刷淤议》,提出了引清流冲刷三江闸淤泥的重要思想。还捐资造东关西湖闸,撰写治水文章,多有卓见。

他探求富国之路。与胞弟徐友兰及乡贤罗振玉等创办上海农学会和《农学报》,在昆山新阳购地百亩,采购各国良种,开辟种植试验场。

徐家世居今绍兴市越城区鉴湖街道栖凫村。现徐家老台门已很破烂,徐氏祠堂门斗尚存,上阳刻“世德作求”四字;徐家新台门与徐树兰、徐友兰兄弟共建的徐家洋房,保存较好,有学者认为中国原子弹之父钱三强出生于此,如加以保护修缮,合理利用,无疑是很有意义的。

258

东湖居士陶濬宣。

陶濬宣是清末会稽人,以工北碑而名,今江南多有其题刻。光绪皇帝时所铸银圆、角子、铜圆上的"光绪通宝"模字,有其所书。

特别值得一提的是,他还筹款与人在家乡共筑山水大盆景——东湖园林,并于其中建东湖通艺学堂,聘请鲁迅先生之弟、新文化运动杰出代表周作人等为教席,后来成为大名鼎鼎人物的竺可桢、刘大白、陈仪等,尝就学其间。真是名师出高徒,名校育奇才。

259

鲁迅先生的老师寿镜吾先生。

寿镜吾先生重德崇义。他以不买洋货、绝意仕进明志,在绍兴城内都昌坊家中三味书屋设馆收徒,年收学生不过 8 人。每逢春节,于学生拜年次日必回拜。客人来访,亦必整衣冠相迎。鲁迅于光绪十八年(1892)二月入三味书屋受教,历时 5 年,寿镜吾先生之道德文章、文学修养予其以深刻影响。鲁迅在《从百草园到三味书屋》等文中,对当时生活有详细记述。可见其品行非同一般。

先生安贫乐道。晚年,置一夏布长衫,挂于墙上,与两子换穿。次子鹏飞富有才学,先生却将其锁于楼房内,不令其出而参加入仕应试;鹏飞缘绳而下,中式授吉林宏安知县后,先生斥之为不孝,拒收送来之银。可见其个性非同一般。

先生自怡寄傲。书屋后有丹桂一株，今尚在，先生时徘徊其下；旁有一亭，名之曰“自怡”；又于对面墙上，书“寄傲”两字，以示傲然遗世，自得其乐之意。可见其境界非同一般。

名师出高徒。鲁迅先生的身上，正是留下了寿老先生的影子的。

260

甲骨文书法首创者罗振玉。

罗振玉祖籍上虞永丰（今小越）大庙罗村，号雪堂，所著之书多署“上虞罗振玉”，在甲骨、简牍、敦煌诸学方面，有开创性研究，为中国现代学术之重要奠基人，与观堂王国维、彦堂董作宾、鼎堂郭沫若合称现代甲骨学界“四堂”。

罗振玉所书甲骨文，一改钟鼎文与秦汉以圆势为主的笔意，结体趋方。1925年，罗振玉著成《集殷墟文字楹帖汇编》一书，并有篆书，共420联，为我国最早的甲骨文书法集，实乃甲骨文书法开天辟地之大事。

罗振玉一生献身学术，研究领域遍及甲骨文、金石学、古器物学、古文字学、经学、校勘学、汉晋简牍等。特别是在敦煌文献的搜集、保存、整理和研究方面，其时间之早、贡献之大，堪称国内第一人，是我国敦煌学的开拓者、奠基人。

261

西泠印社的重要创始人吴隐。

吴隐是绍兴人，1913年与人联合召开西泠印社成立大会，推选一代宗师吴昌硕当社长。

此后,吴隐又与同人于沪上成立上海西泠印社。

吴隐刻碑、治印皆擅,书法善篆隶入古。他与夫人调制、以自己的号命名的“潜泉印泥”,闻名神州。

文化贵在积累,不断积累才会有深厚底蕴;文化贵在坚持,执着坚持才会如春风化雨。吴隐们当年或许根本想不到,这小小的西泠印社,在100年后,会有如此之辉煌。这积累与坚持,或许是对辉煌的最好注释。

262

春晖中学首任校长经亨颐。

“北有南开,南有春晖。”百年名校春晖中学,坐落在美丽的上虞白马湖畔,其首任校长,是代理过国立中山大学校长职务的绍兴老乡经亨颐先生。

经亨颐先生于诗、书、画、印均有杰出造诣。书法专攻《爨宝子碑》,古拙端严中有闲逸之韵,其艺术境界近代无第二人。

263

杜亚泉的中国之最。

会稽伧塘(今上虞长塘)人杜亚泉,出生于1873年,逝世于1933年,曾应老乡蔡元培之聘,任过绍郡中西学堂的数学教员,是我国著名的科普出版家与翻译家。他一生中创下了多个中国第一。

1900年,在上海创办了中国近代第一所私立科技大学——亚泉学馆。

同年，创办了中国第一份自办的科学刊物——《亚泉杂志》。

1902 年，编辑了中国第一本国文教科书——《绘图文学初阶》。

1918 年，主编出版了中国第一部《植物学大辞典》与《动物学大辞典》，有 300 余万字。

杜亚泉的丰功伟绩，遗惠至今；他的开创精神，流芳百世。

264

《义勇军进行曲》的取名者朱庆澜。

会稽自古多奇才，奇才多为国家生。绍兴钱清秦望人朱庆澜，就是这样一位为国家、为民族而生的奇才。

朱庆澜 6 岁丧父，14 岁丧母，17 岁即为治理黄河的河工，后来还担任过黄河水利委员会委员长。

朱庆澜毕生从事抗日救亡事业与慈善赈灾事业，是将军、政治家、慈善家。他赞助拍摄电影《风云儿女》，并将主题曲取名为《义勇军进行曲》，这便是中华人民共和国国歌歌名的由来。

朱庆澜注重历史文物保护，每每慷慨解囊，资助文物修缮。他关心桑梓，出资创办渔后小学，造桥修路，福泽乡里。

265

先烈秋瑾。

在绍兴古城最繁华的解放路与轩亭口的交会处，矗立着由周恩来的姑父王子余先生提议、1930 年建成的秋瑾烈士纪念碑，上镌蔡元培文、于右任书的《秋先烈纪念碑记》。

在古城和畅堂，有国家级文物保护单位秋瑾故居。

在古城府山上，有纪念先烈的风雨亭，亭柱上刻着孙中山的联语："江户矢丹枕，感君首赞同盟会；轩亭洒碧血，愧我迟招侠女魂。"

在绍兴市柯桥区福全镇之福全山村，保存着秋瑾祖居。20 世纪 90 年代，福全镇上还建起了秋瑾小学与秋瑾中学。

现在，这些地方都成了很好的爱国主义教育基地。

绍兴人崇拜英雄，对秋瑾的崇拜就是很好的例证。

鉴湖女侠秋瑾

266

艺术大家陈半丁。

“吃进口里，消化在胃里，营养在身上。”这是启功先生对陈半丁先生画作的评价。

陈半丁(1876—1970)，名年，因双生，后号半丁，绍兴柯桥人。2006年，政府在他的家乡建起了陈半丁纪念馆。

先生少孤而苦学，全面继承吴昌硕衣钵，又得任伯年人物、翎毛真传，并博取多师之长，成为海派后劲。

中华人民共和国成立后，先生倡议与中医中药一样，设立专门的中国画研究机构。1957年，担任北京中国画研究会会长，成为京派领军人物。

其实，陈半丁先生的书法也独成一体，将他立于百年一流的书家行列，绝无愧色，只是他的书名为画名所掩。

陈半丁先生的篆刻，师法秦汉，极富变化，已臻浑茫、浪漫、天成之境。

陈半丁先生的作品，心仪传统，心向大众，雅正中和，雅俗共赏。因此，称他为20世纪不可多得的画、书、篆、诗兼擅的艺术大家，是恰如其分的。

267

绍兴黄酒第一枚国际金奖的缔造者周清。

1915年,绍兴东浦云集信记酒坊的“周清酒”,获巴拿马太平洋万国博览会金奖。这是绍兴黄酒荣获的第一枚国际金奖,也是我国参展的酒类产品获得的唯一黄酒金奖,标志着绍兴黄酒在国际市场上得到了广泛认可,享有了崇高地位。

这次博览会为庆祝巴拿马运河开航而举办,以美国总统名义邀请中国、日本、法国等数十个国家参加,又称“巴拿马赛会”。展览期间参观者达1900余万人次,可见规模与影响之大。

说到这枚金奖,人们不应该忘记的是这酒的创制者周清。周清出生于绍兴东浦周溇酿酒世家,其祖上周佳木早在乾隆八年(1743)便于东浦开设云集酒坊。周清亲手酿制而成的“周清酒”,因获得国际金奖名扬环寰,使得“越酒行天下,东浦酒最佳”成为消费者的共识。这是周清的至伟之功。

268

黄酒国际金奖与鲁迅、秋瑾。

说到绍兴黄酒的第一枚国际金奖,还应提一下鲁迅先生与秋瑾烈士。

鲁迅先生爱国爱乡爱黄酒,早在博览会前一年,即1914年的6月2日,他便在日记中留下了这样的记录:“与陈师曾就展览会诸品物选出可赴巴那马者饰之。”

秋先烈于1905年便托战友王金发夫人沈氏，从东浦云集酒坊捎酒，浸枣子，自制枣子酒，称云集酒所浸枣子，越浸越红，越浸越香，是妇女的健身补酒。

这也印证了中国的一句古语——“众人拾柴火焰高”。

269

周清亦工亦农。

周清自号越农，是一位名副其实的越乡农民的杰出代表。他23岁入北京大学，曾担任浙江省立甲种农业学校校长兼农事试验场场长。

周清颇为关爱学生，有“周外婆”之雅称。当代茶圣、乡贤吴觉农，省立杭州蚕丝职业学校（今浙江理工大学前身）校长、乡贤陈石民，都是他的高足。周清自云，“虽无闻于世，幸未见恶于人，念桃李之盈门，造就四方豪杰，览桑麻兮偏野，愿为万世农民”，实乃其内心世界之表白。

周清奉行实业救国宗旨，先后投资浙苏皖云墅公司、杭州民生银行、杭州滑艇船业公司、上海德信昌酒店，以图救亡报国。

周清一生爱好读书，擅长诗词，著有《实用蔬菜园艺学》《绍兴酒酿造法之研究》等书。

周清离世前曾自题小像诗：“灵光照澈春风面，道味深涵霁月心。耆老年华怯众善，伦常规范作良箴。”实乃其毕生精神之写照。

270

空前史家、难再神笔蔡东藩。

绍兴府山阴县临浦（今属杭州市萧山区）人蔡东藩，最大的功绩，是演义了中华历史，称得上是一位前不见古人、后难有来者的历史演义小说大家。

蔡东藩所著，以其跨越时间之长、涉及人物之众、构成篇制之巨，成为历史演义之最，为普及历史知识、警戒时政后人，做出了不可磨灭的贡献。

蔡东藩详细演义了历朝历史。从秦朝建立，一直写到1920年，演义了2141年的漫长历史。分别是《前汉通俗演义》《后汉通俗演义》《两晋通俗演义》《南北朝通俗演义》《唐史通俗演义》《五代史通俗演义》《宋史通俗演义》《元史通俗演义》《明史通俗演义》《清史通俗演义》《民国通俗演义》，共11部1040回600万字，总称“历朝通俗演义”或“中国历代通俗演义”。

他简明演义了诸朝历史。对清初绍兴老乡新昌吕安世的《历朝史演义》进行了增订，从盘古开天辟地，一直写到清朝，共50万字。

他还专门演义了慈禧太后。书名《西太后演义》，共30万字。

271

现代书籍封面画之父陶元庆。

陶元庆是绍兴陶堰人，曾拜现代油画大家陈抱一为师，在水彩、图案等方面颇有造诣。后经鲁迅先生的私淑弟子、绍兴老乡许钦文介绍，与鲁迅相识并成为朋友。

民国十三年(1924)，陶元庆首次为鲁迅翻译的《苦闷的象征》作封面画，颇得鲁迅称赞。此后，他又先后为鲁迅的《坟》《彷徨》《朝花夕拾》《唐宋传奇集》以及《出了象牙之塔》等书作封面画。

许钦文的第一本小说集《故乡》的“大红袍”封面，也由陶元庆所作。

鲁迅先生对陶元庆这位老乡、后学极为器重、看好，除了多次请其为自己的书作封面画外，还两次亲自为陶元庆的画展作序、撰文。

鲁迅对陶元庆评价极高，称他是位“潜心研究”“尽心与经心”的画家；赞扬“他以新的形，尤其是新的色来写出他自己的世界，而其中仍有中国向来的魂灵……民族性”；指出“必须用存在于现今想要参与世界上的事业的中国人的心里的尺来量，这才懂得他的艺术”。

在陶元庆不幸英年病故时，鲁迅独出300元买冢地，将他葬于杭州西湖玉泉。

鲁迅先生对现代书籍封面画等新生事物的支持，一如对现代木刻艺术的支持；对陶元庆这位后学的关心，一如对其他所有文艺青年的关心。这是鲁迅的另一种伟大之所在。

272

旧国学传人、新史学宗师范文澜。

范文澜先生于清光绪十九年十月(1893年11月15日)出生于绍兴府城锦麟桥范家台门，是北宋名相、绍兴知府范仲淹之后裔，堪称清白世家、书香传人。

先生精通文学、经学、史学，毕生著述宏富，而最具代表性的，当数《中国通史简编》，这是现代中国发行时间最长、印数最多、影响最广的历史读物。毛泽东主席当年称这部书“资料多，让人愿意看下去”，是一部“科学的著作”。诺贝尔文学奖获得者莫言说，对他影响最大的一本书，不是文学作品，而是范文澜的这部历史著作。

家乡人民为了纪念范文澜先生，于1994年建起了文澜中学，还于1993年、2019年2次对他的故居进行了修缮，并将其列为重点文物保护单位。

今范文澜故居的门前廊柱上，镌刻着一副对联“书香诗风孕育负笈学子，经史纬文卓成一代宗师”，对先生的生平与学术成就，做了客观的评价。

展厅中展示的先生撰句“板凳要坐十年冷，文章不写一句空”，是他知行合一、身体力行的毕生写照，更是他语重心长、劝勉后人的治学经验。做学问如此，做其他任何事情，又何尝不应如此呢！

273

参与创办中华书局的沈知方。

绍兴人沈知方，出身清苦，曾在绍兴奎照楼书店当学徒，在上海会文堂书局做职员，后成为上海商务印书馆的发行所所长。

1912年，沈知方以其宏阔才气，与商务印书馆的同事陆费逵等创立中华书局，担任“于营业颇有经验”“极称得力”的副局长（后称副经理）。

书局一时云集了梁启超、于右任、田汉、张闻天、徐志摩等社会名流。

1917年，沈知方创办世界书局，自任总经理，重点出版易于获利的中小学教科书与通俗畅销书，请老乡、教育家与思想家陶行知主编《工人读本》，还开设世界商业储蓄银行，在北京等地设立分局，聘请于右任为名誉董事长，使世界书局成为仅次于商务印书馆、中华书局的第三大书局。

沈知方适合时势的经营方略、适应读者的经营方针，至今于出版业仍有借鉴意义，是位了不起的出版大家。

沈知方苦干、实干、巧干的成才之路、成功之道，值得称道，值得学习。

274

1917年的绍兴人。

1917年，是中国文化史上光耀千秋的年份。以这年1月蔡元培正式到任北京大学校长为起点，中国最有文学才干、最有文学革命情怀的人才成群而来，构成了近代中国历史上群星闪耀的时刻。

相比于1915年《新青年》的创刊，以及1919年五四运动所赋予新文化运动的更多的政治意义，1917年对于新文化运动具有文化意义上更实质的推动，是实际上的中国现代教育和现代文化思想的发端，因而也是现代中国形成过程中的一个重要文化节点。

在这历史的重要关头，绍兴乡贤蔡元培、鲁迅、周作人、马寅初、陶行知、竺可桢、经亨颐等，与胡适、陈独秀、李大钊等，一如璀璨的明星，照亮了中国新文化与现代思想史的天空。

275

学界泰斗、人世楷模蔡元培。

蔡元培的伟大，在于他和他所代表的北大精神，成为近代中国思想、学术、文化、教育领域至今仍难以企及的精神范本。

美国哲学家约翰·杜威曾对我国著名思想家、文学家、哲学家，以倡导白话文、领导新文化运动而闻名于世的胡适说过：以一个校长身份，能领导一所大学对一个民族、一个时代起到转折作用的，除蔡元培外，恐怕找不出第二个。

毛泽东主席称赞这位曾经指点过他有关学术和人生问题的师者，为“学界泰斗、人世楷模”。

蔡元培领袖群伦，兼容并包，也一生为人所包围，在夹缝里留下了盛名。

276

鲁迅先生是绍兴名人的代表。

1996 年 9 月 20 日的《人民日报》，为纪念鲁迅先生 115 周年诞辰，刊登了毛泽东主席于 1961 年创作的《七绝二首·纪念鲁迅八十寿辰》。

第一首是直接盛赞鲁迅的：“博大胆识铁石坚，刀光剑影任翔旋。龙华喋血不眠夜，犹制小诗赋管弦。”

第二首与第一首有着不可分割的内在联系，虽然字面上未提鲁迅，却深刻揭示了鲁迅赖以根植、成长的文化沃土和给鲁迅以丰富精神滋养的爱国主义优良传统。“鉴湖越台名士乡，忧忡为国痛断肠。剑南歌接秋风吟，一例氤氲入诗囊。”

毛主席将绍兴命名为“名士乡”，鲁迅先生无疑是绍兴诸多名士的杰出代表。

277

鲁迅先生是时代天空的明星。

先生出生于“万家墨面”之时，为新文学开山，又在多方面独辟蹊径，为后学开示了无数法门。

而先生更加伟大的贡献，则是在于用笔警醒国人。他发出的“中国人失掉自信力了吗”的呐喊，极大地鼓舞了人民救亡图存的斗志，展示了中华儿女“没有丝毫的奴颜和媚骨”这样一种“最可宝贵的性格”。

278

鲁迅先生是中华民族的脊梁。

先生埋头苦干、拼命硬干、为民请命、舍身求法，是敢于担当、名副其实的“中国的脊梁”。

先生逝世的时候，体重只剩下七十来斤，而他灵柩上覆盖的，是一面写有“民族魂”三个大字的旗帜。这是人民对于自己伟大代表的最中肯、最贴切的评价。

279

鲁迅是谁？

是“我以我血荐轩辕”，弃医从文，想用思想医治国人灵魂的热血青年；

是称袁世凯政府为“豚犬，可怜，可怜”的骂人高手；

是在北京宣武门外绍兴会馆抄古碑、读佛经、辑古书，“用了种种法，来麻醉自己的灵魂”的“俟堂”主人；

是应老乡蔡元培校长之邀，为北京大学设计了校徽的设计大家；

是中国新兴木刻的“母亲”和导师；

是为孔乙己和阿Q作传，“哀其不幸怒其不争”的国民性批判家；

是语言幽默、文字犀利的文坛圣手；

是“骨头最硬”“没有丝毫奴颜和媚骨”的“民族魂”。

鲁迅先生

280

百岁期颐、学界泰斗马寅初。

嵊州的浦口街道，以位于小溪黄泽江汇入主流剡溪之口而得名，是当代经济学家、教育学家、人口学家，曾任北京大学、浙江大学校长的马寅初先生的故乡。

马寅初故居建造于清光绪年间。1882 年 6 月 24 日，马寅初先生便诞生于这里。

先生于 1982 年在北京逝世，遵其遗愿，部分骨灰安放于家乡嵊州仙岩镇下王舍村母亲王太夫人墓旁。如今，马寅初故居及其墓，成了国家级重点文物保护单位。

马寅初以其《新人口论》为标志的人口控制理论，一度成为中国的基本国策。

文人的骨气，是灵魂的骨头。人有骨气，方有灵魂。与其他绍兴人一样，马寅初爱憎分明、骨头很硬。抗日战争期间，他公开骂国民党。蒋介石请他去，他说要见请自己来。孔祥熙想请他出任财政部部长，他坚决拒绝。

281

一代儒宗、千秋风范马一浮。

马一浮祖籍今绍兴市上虞区长塘后庄村，博古通今，学贯中西，是一代儒宗、书法大家。

绍兴自古多文人，文人自古重风骨，不畏惧权贵，不计较利禄，坚守自己的做人原则，这是他们的共性。马一浮便是这样的一位硬骨头先生。抗日战争期间，孔祥熙母亲去世，先后两次派人请他写墓志铭，他均予回绝。孙传芳以东南五省联军统帅身份前去拜访，也遭拒绝。

282

大科学家竺可桢。

竺可桢是今绍兴市上虞区东关街道人，是我国近代地理学和气象学的奠基者，他的人品、精神、学术，是当今社会的至宝。

有人议论，当今社会红尘滚滚、人心浮躁。先生倡导、践行的“只问是非，不计利害”的“求是精神”和“一丝不苟”的座右铭，正是医治这一社会病的良药。

有人猜测，“钱学森之谜”的谜底究竟是什么。先生丰富的教育思想，正是揭开这一谜底的最好途径。

有人感叹，气候变化，可奈之何。先生有关气候的一系列著述，正是为人们指点了迷津，指明了方向。

竺可桢从 1936 年起任浙江大学校长，时间长达 13 年之久。他创立的“求是”校训，是浙大永远的校训。他在抗日战争期间，组织领导的可歌可泣的浙大西迁与东归，既保存了浙大的实力，又培育了与民族同呼吸、共命运的浙大精神。他注重科研，扩充院系，培植校风，为浙江大学成为国内一流、国际知名大学，奠定了历史性基础。

283

我国第一份三峡开发报告的发布者宋希尚。

嵊州人宋希尚,1917年毕业于南京河海工程专门学校,曾赴美留学,在考察德国、法国等国的水利建设后归国,任国民政府交通部扬子江(即长江)水道整理委员会委员兼工程处长。

20世纪30年代初,宋希尚与人组成我国第一支长江三峡勘测队,随后又联合发布了我国第一份有关三峡开发的报告——《扬子江上游水力发电勘测报告》。

今日长江三峡的保护开发利用,实有宋希尚们的一份基础性功劳。

284

汤日新政绩日新。

汤日新于民国期间,两度出任绍兴县县长。在5年多的任期中,汤日新清廉自守,组织重修三江闸和汤公祠,支持整顿、扩充养老所、育婴所、施医所,创设平民习艺所,拓宽街道,浇筑柏油马路,发起在轩亭口树立秋瑾纪念碑,在府山上建风雨亭,手书《风雨亭记》并刻石立碑,还倡议创办私立绍兴中学(今稽山中学),是位惠政颇多的好官。

285

贺扬灵重文教。

贺扬灵在民国时，曾任绍兴县县长与署设绍兴的浙江省第三区行政督察专员兼保安司令。在任上，他积极组织抗日，扫荡黑恶势力，更是十分重视文化工作，使之更好地感化引导民众。

他在越王台兴建集合聚训馆，修葺大禹陵、整理贺秘监祠以奉祭，重修纪念秋瑾的风雨亭，手书“古越龙山”“唐宋名人摩崖石刻处”以保护龙山的历史文物，创作《保卫大绍兴》等抗日流行歌曲，创办抗日“战旗剧团”，主持在香炉峰顶镌刻由徐生翁书写的《心经》为黎民超度苦厄，辑、校、译、著《古诗十九首》《元代奴隶考》《祀禹录》等多部作品，还题写“浩然正气”匾额悬于杭州岳庙。

贺扬灵在修葺历史古迹、关注教育事业、支持重刊旧志等诸多方面的政绩，惠及当时，流芳至今。

286

刘文西绘制百元人民币毛泽东头像。

绍兴嵊州籍大画家刘文西，长期生活在陕北黄土高原，并以此为创作题材，形成了“黄土画派”。他的《在毛主席身边》，栩栩如生地展示了领袖风采。第五套人民币上的毛泽东头像，便是他于 1997 年绘制而成的。

287

40年做一件事的张杰先生。

绍兴杰出乡贤、旅港爱乡楷模张杰先生，2017年已有90高寿。从1978年开始的40年间，张杰先生持之以恒地做了一件事：省吃俭用，爱乡资学，累计捐赠1500余万元。

张杰先生只是一位做过小生意的小老板，他以40年的言行告诉人们，爱乡是一种内心之举、自觉之为；捐赠不在于数字大小，贵在力所能及；助学是至善之举、至美之德。

愿张杰先生好人好报，健康长寿！愿张杰精神广为传播，发扬光大。

288

绍兴师爷。

在清代近300年的政治舞台上，活跃着一个十分特殊的幕僚群体。

他们虽然没有被列入清朝政府的官员序列，却几乎遍及从中央到地方的各级官府衙门。

他们虽然都不是朝廷命官，却几乎主导了大清王朝地方政府乃至整部政治机器的运转。

他们虽然已经销声匿迹了一百年，却声名绵延，其思想、其精神、其行为，至今仍余音袅袅、不绝于耳。

这个特殊的幕僚群体，就是时人已广泛称呼、今人亦不改其名的绍兴师爷。

289

师爷是一种尊称。

类似于师太公这种称呼，师爷或许就是老师的爷爷的简称、尊称。老师，是知识、文化、水平、本领、素养的化身。老师的爷爷，当更有知识、更有文化、更有水平、更有本领、更有素养，不是说“姜还是老的辣”吗？

师爷队伍里面，绍兴人出道最早，地位最高，数量最多，名声最大，他们既是清代幕僚业的开辟者，也在很大程度上自然而然地成了垄断者，成了师爷的典型代表、形象大使、代言人物。所以，在师爷面前冠以绍兴，称之为绍兴师爷，是名正言顺的。

290

“无绍不成衙”。

“无绍不成衙”这句谚语，在清代十分流行。这里的“绍”，是指绍兴师爷；这里的“衙”，是指官府衙门。

清代经学大家梁章钜在其《浪迹续谈》卷四中记载，当时绍兴师爷与绍兴话、绍兴酒在全国各地“三通行”“横行各直省”。这“通行”“横行”，是绍兴师爷地位、作用、影响的最好说明。

绍兴师爷，责任重大，他们通常主要负责三件事。第一件，负责文牍工作，相当于今日办公室主任、秘书长之类的工作，因而称作文牍师爷。

第二件，负责钱粮工作，相当于今日经济、财政、税务部门的工作，因而称作钱粮师爷。

第三件，负责刑名工作，相当于今日公安、法院、检察院等政法机关的工作，因而称作刑名师爷。

这三件事，如汪辉祖师爷所记载的那样，小的州县由二三人兼理，大者则有十余人分工负责。

这三件事，是一个地方衙门最关键、最核心的三件事，而它们都是由绍兴师爷来负责处理的，可见绍兴师爷肩上的责任有多大，担子有多重。

291

绍兴师爷，多由世家。

鲁迅先生所在的周氏家族中，当过师爷的，有 10 多人，姻亲中也有若干人。

作为鲁迅先生本家的周恩来总理，其祖上的家族和姻亲中，也有不少人当过师爷。

会稽陶氏家族中，当过师爷的，有数十人之多。

这种师爷世家的成因，与书法世家一样，是由这个行业更多地需要口授心传的特性所决定的。

292

绍兴师爷，功德无量。

他们为国家留下了资治学说，为国度留下了绵延功业，特别是为国民留下了立身之镜。

他们通达事务、举一反三、妙于言论的好学精神，值得红尘社会的人们学习借鉴。

他们尽心、尽言、尽力的忠诚情操，值得浮躁社会的人们学习借鉴。

他们廉、慎、公、勤的律己品行，特别值得诚信与道德缺失者们学习借鉴。

他们遇事冷静善谋、处事灵活机动、做事留有余地的智慧，堪称放之四海而皆准的真理。

其实，绍兴师爷这一人才现象，也是越人素养漫漫万千年的厚积薄发。

293

绍兴为何多名人？

绍兴乃天地钟灵之风水宝地，稽山鉴水赐予越人自然之灵性、特有之气质，亦使四方人士纷至沓来，乐而忘返，由寓而籍。

绍兴素称经济昌盛之鱼米之乡，此乃人才集聚、涌现之物质基础。

绍兴向为区域建置中心，此乃人才集聚、涌现之必备条件。

绍兴代有仰思乔木、见贤思齐、耕读传家之民风，书香门第受人羡慕，尊师重教几成时尚。

凡此四者，使绍兴名人蔚为大观，并终成独特之名人现象。

294

越人重教。

越人历来十分重视教育。越王勾践生聚、教训，以教育砥砺百姓，重教已见端倪。

东汉王充少年入读书馆，后又设塾授徒，可见境内办学肇始之早。

唐代越州已有书院之设。

宋及以后的历代守土者，多以兴学为己任，出资金，延名师，办府学，兴书院，范仲淹尤可代表。

明、清两代，今绍兴辖地内影响较大的官办书院有 46 所；民间筹资兴办社学、义学、私塾，蔚然成风；父母变卖田产供子女读书，妻子典当饰品供夫君求学，兄长做工挣钱供弟妹上学，也是屡见不鲜。

如此重教，也就难怪人才辈出了。

越人历来重视教育

295

越人重师。

越人十分重教，自然也十分重师。

书院、学堂一向重视延聘名师前来授业，便是一例。诸如朱熹讲学稽山书院，吕祖谦授业鹿门书院，王守仁主讲阳明书院，刘宗周授徒蕺山书院，蔡元培掌管府中学堂，等等。

如此重师，也就难怪名师出高徒了。

296

越人好学。

越地学子在尊师重教的同时，学习也是十分自觉、刻苦、勤奋的。

王献之依缸习字，孔子袪怀书自随，陆佃映月而诵，王冕佛殿夜读，陈洪绶白壁学画，黄宗羲鸡鸣就枕，蔡元培双胫藏瓮，等等，等等。

如此好学，也就难怪成名成家了。

297

汉有书馆，晋始官学。

上虞人王充在其《论衡·自纪篇》中写道："充八岁，出于书馆。书馆小僮百人以上。"这是越地有关书馆的最早记载。

王充出生于东汉光武帝建武三年(27)。从他的这一记述来看，越地的书馆、学塾、私塾,想必已有相当的发展时间与规模了。

从汉时起,越地人才辈出、百业俱兴,想必是与书馆的兴起与发展有着直接关系的。

官民重教兴学,是越地的一大传统。东晋义熙八年(412),山阴人孔靖(字季恭)再次出任会稽内史。他于当地修建学校,督课诵习,会稽境内有明文记载的官学,由此而始。

298

州学、县学、书院始于唐,盛于宋。

越地最早的州(府)学、县学、书院,出现于初唐、中唐时期。州学建于城之北隅,嵊县县学建于县署东南,诸暨县学建于城西。

州(府)学得益于贤牧良守们的重视,于宋代后大盛。清康熙五十七年(1718),府学大修后,占地 90 亩,誉称"浙东诸庠第一"。

见之于文献的最早书院,为建于唐开元十一年(723)的丽正书院。北宋宝元二年(1039),知州范仲淹于卧龙山西岗建稽山书院,明知府南大吉、萧良干先后扩建、重修。明嘉靖三年(1524),王阳明罢官回绍隐居,建阳明书院。明崇祯四年(1631),刘宗周在知府黄纲支持下,建证人书院。清康熙五十三年(1714),知府俞卿创龙山书院。

由宋之勃兴,历明迄清,绍兴有影响的书院达 46 所之多。

299

越人似越水。

一方水土养一方人，正所谓“海岳精液，善生俊异”。

风平浪静、波澜不惊的越水，滋养了低调含蓄、不事张扬的越人。

春风化雨、滋润万物的越水，滋养了助人为乐、成人之美的越人。

静静流淌、默默无闻的越水，滋养了修身齐家、严于律己的越人。

开创源流、奔涌归海的越水，滋养了永争一流、不言第一的越人。

千百年来，越人正是在这种良风雅俗中生生不息的。

300

越人重才成风。

汉代会稽名宦严助、朱买臣等，从贫寒走向昼绣故乡，百姓歆羡其荣，“故其俗始尚文学而喜功名”。

汉代会稽郡守任延、张霸，以尚贤为治，故而“俗始贵士”。

东晋王羲之等雅会兰亭，曲水流觞，“故其俗尚风流而多翰墨之士”。

唐代元微之于越州与白居易唱酬往来，“故其俗好吟咏而多风骚之才”。

尚文学、喜功名、贵士子、爱风流、善翰墨、好吟咏、重风骚之民风习俗，既是越地人才辈出的重要推动力量，也是越地人文荟萃的重要表现形式。

人才是红花,红花需要绿叶衬,红花需要环境衬。这普通百姓、民风习俗便是绿叶,便是环境。

301

越人自古爱妇婴。

爱护妇女、儿童,是越人的传统美德。《国语·越语(上)》中,有这样的记载,说越国时规定,“将免(通‘娩’)者以告,公令医守之”。意思是说,妇女临产时,要报告官府,官府接报后派医生守护孕妇,负责接生,以保母子平安。这简直就是最早的社会化生育服务了。

不仅如此,越国还规定,“生丈夫,二壶酒,一犬;生女子,二壶酒,一豚。生三人,公与之母;生二人,公与之饩”。不管生男生女,官府均给奖励。生下三个孩子的,公家提供乳母、保姆;生下两个孩子的,公家供给食物。这是多令人羡慕的生育福利政策啊!

302

越地的“产翁”之俗。

唐代尉迟枢所著《南楚新闻》中,有这样一则有趣的记载:“越俗,其妻或诞子,经三日,便澡身于溪河。返,具糜以饷婿。婿拥衾抱雏,坐于寝榻,称为‘产翁’。其颠倒有如此。”

“产翁”这种风俗的意义,恐怕在于表明父亲在生育中的作用,加强父亲与子女的亲密联系。

303

越人“好信”。

《清华大学藏战国竹简·越公其事》中，专门讲到越人的“好信”。

“好信”，即讲求诚信，笃守信用，官取信于民，人取信于人。越王勾践是将“信”作为灭吴兴国的“五政”之一的。

勾践首先从规范百姓的日常行为——守信买卖、诚实交易入手，规定一旦发现有欺诈、虚假行为的，即加严惩。

与此同时，勾践要求各级官员守信。规定如政令前后相背、失信于民的，一旦被告，即分别视情况予以谴责、处罚、黜免。

在官民的共同努力下，“凡越民交接、言语、货资、市贾，乃无敢反背欺诒，越则无狱，王则闲闲，唯信是趋，及于左右，举越邦乃皆好信”。

“无敢反背欺诒”，“唯信是趋”，举邦“皆好信”。早在2500多年前，先人已经为今人做出了榜样。

今天的越人，应当把祖先的“好信”传统继承好、发扬好。

其实，守信既是一个社会风气问题，更是一个社会治理问题、社会凝聚力问题。“越则无狱，王则闲闲”，正是全社会守信的必然结果。

304

越人重感情。

西晋会稽内史贺循之孙、南朝宋会稽山阴人贺道庆，写过这样一首离合诗：“促席宴间夜，足欢不觉疲。咏歌无余愿，永言终在斯。”

离合诗是杂诗的一种，根据汉字结构特点，在诗句内拆开字形，取其一半，与另一字的一半合成新字，先离后合，因此得名。

这首五言离合诗，乍一看，仿佛是文字游戏，但熟读深思，发现它强调了一个“信”字，是越人重信重情的真实写照：长夜开宴，促膝长谈，倾吐衷情，永远如此。这是一种多么美好的生活，又是一种多么深厚的感情啊。

305

有恩报恩的绍兴人。

汤公绍恩，于绍有恩。越人知恩，感恩绍恩。

想当年，绍兴三江闸工程开始时与进行中，“怨讟烦兴”，“几多怨谤一身任”。但是，日久见人心，政声人去后，人们终究还是因为受了汤公的恩典而爱戴他、怀念他。

越中士民在三江闸旁建起了汤公祠，每年春秋祭祀。祠中的“砥柱中流”“泉流既清”“泽被三江”“后事之师”等匾额、楹联，充分表达了越人对汤公的感激之情。其中徐渭题撰的祠联，更具有代表性——“凿山振河海，千年遗泽在三江，缵禹之绪；炼石补星辰，两月新功当万历，于汤有光”。

有感于越人对汤公的敬仰，也为了弘扬清官、好官的精神，清康熙赐汤公“灵济”封号，雍正封汤公为“宁江伯”。

今人同样没有忘记汤绍恩，将其书于龙山北侧巨岩上的“动静乐寿”题刻列为重点文物保护单位，供人们追思、瞻仰。

20 世纪末，东环城河畔树起了汤绍恩雕像，供人缅怀。21 世纪初，在新建的运河园中，陈列了当年汤公亲自书赠给出资建闸者的“南渡世家”匾额真迹。2014 年，绍兴市人民政府出台了《三江闸保护利用传承工作方案》。次年，又出台了《三江文化休闲区规划》。这是当代人对汤公的最好纪念，对汤公遗产的最好继承，对汤公精神的最好弘扬。

306

绍兴人的“刚”。

绍兴人柔中蕴刚，特别是在大是大非面前、民族危急之秋，他们更是铁骨铮铮、正气浩然，表现出强大的人格力量。

陆游一生爱国，为“亘古男儿”，临终还“但悲不见九州同”。

明清嬗变之际，刘宗周绝食而死；祁彪佳投水自尽；倪元璐投缳自缢；王思任呐喊“夫越乃报仇雪耻之乡，非藏垢纳污之地”，大呼“不降”，绝食而卒；张岱自隐深山，誓不投清；陈洪绶入云门寺为僧，自号“悔迟”，以明其志。

清末民国之际，辛亥志士徐锡麟遭剖胸挖心，仍毫无惧色；秋瑾宁死不屈，血洒古轩亭口；陶成章为革命奔走，惨遭暗害；朱自清一身重病，宁可饿死，也不领美国的救济粮。

这些思想大家、文化名家、仁人志士，用鲁迅先生的话来讲，就是民族的脊梁、时代的先锋。

307

绍兴当官，不易亦易。

《宋书·顾觊之传》中，有这样一段记载："山阴民户三万，海内剧邑，前后官长，昼夜不得休，事犹不举。觊之理繁以约，县用无事，昼日垂帘，门阶闲寂。自宋世为山阴，务简而绩修，莫能尚也。"

这段话的意思，有三点特别重要。

第一，山阴县在1600年前的南朝宋时，已是三万户人口的全国大县了。今日之绍兴的发展，实在离不开这一良好的历史基础。

第二，管理领导这么个大县，很苦很难，实属不易。即使是"昼夜不得休"地苦干，"事犹不举"。用现在的话来讲，叫作"五加二、白加黑"，政务还是处理不完、处理不好。

第三，顾觊之的管理、领导才能与工作方法实在高超。他以"理繁以约"、删繁就简的巧干方法，处理繁杂的事务，县衙因此而没了冗杂之事，白天垂着门帘，门庭清静，收到了"务简而绩修"的好效果，展现了"海内剧邑"官长的领导力。由此可见，方法得当，便可事半功倍。只可惜，这样的人才实在难得，在整个宋代担任山阴县令的人当中，就政务简约但政绩卓著而言，没有谁能超过顾觊之。

308

嫖赌要讨饭。

古时有言，"十人九赌"，说的是十个人当中，九个人有赌性。而这剩下的一人，恐怕就是指绍兴人了。

绍兴人素尚实干上进，耕读传家，反对嬉赌，成为风气。有歌谣《翻梢》是这样唱的："嬉赌要想翻，勿翻嗤里来得还。翻，翻，翻，翻得一只碗来一只篮，沿门去讨饭。"

嬉赌会导致讨饭，讨饭自然是谁也不愿意的。

309

"嵊县强盗"实为"嵊县强道"。

绍兴一带有一种颇为流行的说法，"诸暨木卵、绍兴师爷、嵊县强盗"，形象地概括了这些地方的人的性格特征。

"嵊县强盗"的绰号，并非贬义，恰恰相反，它指的是嵊县人好胜的精神、豪爽的性格、侠义的风骨与豪杰的情怀。

照此说来，"嵊县强盗"实际上是"嵊县强道"，他们爱讲、善行"强大的道理"。这"强道"，便是"大道之行也，天下为公"的大道。

310

多民族的"大家庭"。

绍兴良好的生态环境、生活环境和就业创业环境，吸引了众多的少数民族同胞。截至 2017 年底，常住在绍兴的少数民族已达 53 个、20 余万人。

这多民族的大家庭，是绍兴人开放包容的生动体现。

311

500 多人的全家福。

2017 年 1 月 31 日，嵊州市下王镇石舍村举行了《石舍任氏家谱》与《石舍村志》的完工仪式，来自四面八方的任氏 25 代至 31 代的 7 代后裔 1000 余人，齐集故乡，认祖归宗，共同庆贺。

为了留下这美好瞬间，村里邀请嵊州市摄影家协会，利用专业的无人机和该村天然形成的奇观——火山节理遗址，为其中的 500 余位代表拍摄了一张充满人情味与自然风味，堪称史上最为壮观的同框全家福。

中国社会从乡土一点点走向现代，但人们的“乡土魂”并未因此而消散。而这种同姓同根、同宗同祖的乡土情结，正是民族凝聚力的源泉所在。

312

绍兴十大姓氏，王姓高居榜首。

2017 年 2 月 5 日的《绍兴晚报》报道，绍兴市公安部门近日发布了绍兴十大姓氏排行榜，依次是王、陈、张、周、徐、俞、金、杨、赵、李，均在 10 万人以上，这十大姓氏的总人数约 165 万人，占了全市常住人口的 1/3。

第一位的王氏，有 32.29 万人，占常住人口的 6.4%，几乎每 15 人中就有 1 个人姓王。历史上，王姓的名人有王羲之、王阳明、王冕等。

第二位的陈氏，有 30.92 万人。名人有著名数学家陈建功、著名历史地理学家陈桥驿、著名电影演员陈道明等。

第三位的张氏，有21.73万人。

第四位的周氏，有14.34万人。名人有周恩来、周树人、周建人等。

在所有的姓氏中，位居重名率首位的姓名，是“王芳”，有1257个，占了浙江省9522个的13%。看来，绍兴人挺喜欢这个名字的。

313

绍兴的人均预期寿命高。

2015年，绍兴的人均预期寿命为80.1岁，而同期全球人均预期寿命为71.4岁，全国的人均预期寿命为76.1岁。

国务院发布的《“十三五”卫生与健康规划》中提出，到2020年，全国人均预期寿命要在2015年的基础上，提高1岁，超过77.3岁。

按此5年1岁的提高速度，绍兴的人均预期寿命，已经比全国提前了20年实现预期目标。

根据绍兴市民政局的不完全统计，截至2015年3月，绍兴有百岁以上寿星313位。这些寿星，有几个共同的特点。

一是居住环境好。山清水秀，睦邻友好。尤其多生活在山村，既可“采菊东篱下，悠然见南山”，又可“开轩面场圃，把酒话桑麻”；既可静听“空山松子落”，又可远眺“月出惊山鸟”。

二是晚辈孝。晚辈们都把老人当小孩子哄着、当大熊猫供着。

三是生气少。他们慈祥、纯朴、沉静、恬淡、豁达、无争，“逢人不说人间事，便是人间无事人”，“心中无闲事，风轻月自明”，都有一种好的心境与心态。

四是有爱好。日常生活有规律，饮食起居有习惯，不暴饮暴食，也不挑三拣四，不刻意吃素，也不刻意吃荤，霉、腌、臭类传统菜，想吃就吃。尤其值得一提的一个共性是，他们大多爱喝点黄酒，至今仍爱咪一口。大概是喝点小酒愉悦心情，增加营养，促进血液循环，才成就了他们的长寿吧。

绍兴人，是好人。愿好人都有好报，都健康长寿！

314

越人多著述。

绍兴人文渊薮，尚文学而多翰墨之士，好吟咏而多风骚之才，论道立说、卓荦成家者代见辈出，创意选言、名动天下者继踵接武，历朝皆有传世之作，各代俱见磐磐之构。

越人创作、著述之风，遍及各界。文人学士自不待言，为政、从军、业贾者亦多喜笔耕，累有不刊之著。至于乡野市井之口头创作、谣歌俚曲，代代敷衍，尤蔚为大观，其中多有内蕴厚重、哲理深刻、色彩斑斓之精品，远非“下里巴人”，足称“阳春白雪”。

《绍兴市志》辑录的越人的著录书目达8012种之多，其中古代经、史、子、集方面的著述有4025种。这是越人经世致用思想的生动实践，是越人为中华文明做出的历史性贡献。

315

“南音”之始《候人歌》。

人类最早、最有生命力的文学，莫过于诗歌。越族是富有诗歌天赋的古老民族,《候人歌》的出现,便是证明。

《候人歌》,是大禹之妻越地涂山氏等候大禹时所唱之歌。歌词只有四个字,“候人兮猗”。

“候人”,即等待和盼望亲人。“兮猗”,是两个感叹词连用,增强了诗歌的表现力,淋漓尽致地表达了涂山氏候禹不至而引发的缠绵思绪、焦灼心情。

这首四言诗,自由、活泼、生动,读之余音袅袅、回味无穷,《吕氏春秋·音初》称之为“南音”之始。

“候人兮猗”

316

我国仅存的二言诗于越《弹歌》。

《吴越春秋》卷九中，留下了我国文学史上仅存的二言诗于越《弹歌》："断竹，续竹，飞土，逐宍。"

弹歌，是制弹时唱的歌。弹，即弹弓，将一根竹片固定在某个物体上，扳动竹片以将弹丸发出去。

诗的大意是，越人将竹砍断，然后制成片状，绑缚在某个物体上，再将弹丸即土块之类的东西发射出去，以追逐、驱赶野兽。

《弹歌》这首诗，具有质实、逼真、轻快的特点，给人以十分形象的节奏感与现场感。

317

越地的第一首情歌、中国的第一首译诗《越人歌》。

西汉末年的著名目录学家、文学家刘向，写过一本记述春秋战国至汉代的逸闻逸事并加以评说的书《说苑》，又名《新苑》，里边收录了2500多年前的春秋时期，越地的第一首情歌《越人歌》。

"今夕何夕兮，搴舟(划小船)中流。今日何日兮，得与王子同舟。蒙羞被(通'披')好兮，不訾(通'恣')诟耻。心几烦而不绝兮，得知王子。山有木兮木有枝，心说(通'悦')君兮君不知。"

刘向专门在书中注明，此歌乃为"越人"原创、由"越译"翻译成"楚说"的"越歌"。因此，这也是我国文学史上现存的第一首译诗。

318

越地的第一篇美文《会稽刻石》。

秦始皇出巡时，立了9块刻石，其中包括《会稽刻石》在内的6块刻石的内容，为《史记》全文收录。与其他刻石内容相比，《会稽刻石》意义非凡、地位独特、作用巨大。

一是成就了越地的第一美文。三句一韵，共24韵节，计288字，言简意赅，含蓄流畅，辞藻华丽，朗朗上口。

二是宣省了越人的风俗习性。

三是树立了我国的书艺丰碑。

四是流播了神州的刻石之风。

五是初成了独特的碑铭文体。

319

《会稽刻石》与《兰亭集序》。

公元前210年，丞相李斯随秦始皇巡越，撰文并书写了《会稽刻石》，成就了古越大地上的第一篇美文、第一品美书，堪称千古绝石。

公元353年，王羲之于“天朗气清，惠风和畅”的“暮春之初”，在“有崇山峻岭，茂林修竹，又有清流急湍，映带左右”的“会稽山阴之兰亭”，挥笔写下了《兰亭集序》，成就了古越大地上的又一美文、美书。

《会稽刻石》与《兰亭集序》，文辞宛若天成，堪称文章双绝；书艺精美绝伦，堪称书法双绝；文辞与书艺珠联璧合，堪称文、书双绝。

320

方志鼻祖《越绝书》。

纂修地方志，是中华民族的优良传统，也是中华文化的特色亮点。

成书于先秦而由东汉初会稽人袁康、吴平重加整理的《越绝书》，是公认的方志鼻祖，历来有“一方之志，始于越绝”之说。

《越绝书》开创性的编撰方法与格局，给了后世方志以体例性的影响，为中国方志史创立了第一个光辉篇章，也为绍兴方志史记录了第一个灿烂的开头，绍兴因此而成了方志的故乡。

321

汉代会稽多巨著。

秦汉时期，是会稽文化发展的第一个高峰。东汉王充作的《论衡》，袁康、吴平作的《越绝书》、赵晔作的《吴越春秋》等鸿篇巨制，均为不朽之作。

特别是王充主实用、重内容、反模拟、尚通俗的文学观以及唯物主义思想观，不仅在当时名动朝野，而且对后世也产生了深远影响，所著《论衡》称得上是绍兴最早的文学论著。

322

六朝会稽多风骚。

魏晋南北朝时期，北方战乱，大批名门望族、文化名流南迁云集会稽，与当地文化融为一体，以至儒风之盛，冠于东州。

王羲之邀谢安、孙绰等友人、子弟修禊兰亭，流觞曲水，成为中国文化史上空前盛事。

王羲之、王献之“二王”书法，戴逵、戴颙“二戴”绘画，造诣非凡，影响古今。

谢灵运破玄言诗，开创山水诗新派，称雄元嘉，成为一代宗师。

谢惠连、谢朓才华横溢，佳作迭出，一扫诗坛靡丽陈腐之风。

323

隋唐越州多诗人。

诗歌至盛唐达至善之境。唐代的越州，称得上是诗都。

越州诗人孔德绍、贺知章、贺朝、万齐融、崔国辅、秦系、严维、朱庆余、方干、朱放、诗僧灵澈、吴融，以及徐铉、徐锴兄弟等，均为诗坛翘楚，《全唐诗》中收录了他们的诗作。

有意思的是，《全唐诗》卷五一五与卷六五〇，分别在越州籍诗人朱庆余与寓居越州的诗人方干的名下，收录了诗名与诗句一字不差的《鉴湖西岛言事》诗。究竟谁才是真正的作者呢？

324

宋代越中盛文风。

两宋时期，越中刻版业繁荣，成为两浙乃至全国重要的刻书地区之一。

藏书之风盛行。山阴左丞陆宰藏书“万三千卷有奇”，子陆游有“书巢”之室。会稽进士诸葛行仁，一次性向秘府赠所藏图籍8546卷。新昌尚书石公弼，书“无一不有”。上虞庄简公李光，“无书不读，蓄书数万卷”。

诗文亦颇为富厚。有陆游等有识之士，常怀家国之痛，以诗文表达爱国情怀。会稽华镇、俞灏、王沂孙、唐钰，山阴贺铸、高观国、王易简，嵊县姚宽，上虞李孟传等，均为诗文大家。

325

绍兴现存最早的诗文总集《会稽掇英总集》。

孔子47代孙孔延之，是北宋仁宗庆历二年(1042)的进士，他在越州只做了18个月的官，却收录了越地秦始皇三十七年(前210)至宋神宗熙宁五年(1072)名人集外之诗文805篇，编成了《会稽掇英总集》。这是绍兴现存最早的一部诗文总集，具有很高的文学价值。

326

好事流芳千古，良书播惠九州。

为官任期不在长短，唯在是否干事、干好事、干利益长远之事。有人任期很长，但碌碌无为，无所事事；有人任期很短，但只争朝夕，放眼长远。孔延之编《会稽掇英总集》，使得遗篇获传，文脉赖继。孔公此举，功莫大焉。

2005 年 9 月，邹志方先生的《〈会稽掇英总集〉点校》出版。稽山鉴水由是益现灵气，越中文化以此愈显神光。邹公是举，善莫大焉。

327

绍兴历史上的第一部水利专辑。

元惠宗至正二十二年(1362)，上虞人孙恬(宴如)将虞北水利史料辑成《上虞县五乡水利本末》一书。

这是绍兴历史上第一部水利专辑，既具有水利文献的开创意义，又具有十分珍贵的史料价值。

328

元明文坛多全才。

元明时期，绍兴文学艺术界群星璀璨，全才辈出，蔚为大观。

王冕是画家、诗人、书法家、篆刻家。

杨维桢既是诗人、戏曲家、文学家，又是画家、书法家。

唐肃、谢肃博学多才，工书善画，时称“会稽二肃”。

马兼善既善属文，又擅书画，“兼善”之名名副其实。

王阳明是著名哲学家、思想家、军事家，还是诗人、文学家，其书法也独具一格。诗文上承宋濂、方孝孺之绪，下开唐顺之、王慎中、归有光之先。

徐渭天才超逸，样样精通，绝出伦辈，自谓：“吾书第一，诗次之，文次之，画又次之。”他的书，受府中善于狂书的老乡杨珂的影响很大。他自认为排第四之画，却开启了青藤画派。

倪元璐工诗文，长书法。

陈洪绶书画皆善，诗文俱佳。

祁彪佳、祁骏佳、祁豸佳兄弟，皆工诗文、书画，还是藏书大家。

329

《四库全书》中的绍兴人著录提要。

《四库全书》乃民族文化之瑰宝，入之不易，读之亦不易，故而将编纂时之“著录书”“存目书”逐一提其要，而成《四库全书总目提要》，殊为可贵。

成书于清乾隆时的《四库全书总目提要》，收录了历史上山阴、会稽两县112人的164种著述，计1795卷，分别占了种数的1.6%、卷数的1%，举凡经史子集、医卜星相，无所不包。

中华书局2004年出版的《〈四库全书〉中绍兴人著录提要》，辑《四库提要》所录山会人士著述提要于一书，以仰怀先贤而思齐，缅思往绩而开来，承历史文脉，促后人奋进，不亦快哉！

330

意义非凡的家谱。

越乡先贤章学诚认为，“家乘谱牒，一家之史也”。

家谱在绍兴流传已有千余年的历史。2015 年 9 月，西泠印社出版社出版了车炼钢主编的《绍兴家谱总目提要》，书中共收录了 177 个姓氏、3679 种家谱提要。

家谱可传血脉、增亲情，维家族、系民族，构史志、补典籍，知兴替、明得失，扬传统、向未来，可谓意义非凡。

331

浙东史学殿军、中华志学导师章学诚。

清代会稽道墟人（今绍兴市上虞区道墟镇）章学诚，乾隆时进士，是一位杰出的史学家、方志学家、思想家，中国古典史学的终结者、方志学奠基人，有“浙东史学殿军”之誉。

他曾先后主修《和州志》《永清县志》《亳州志》《湖北通志》等 10 多部志书，体例精严，为世所重，尤其是创立了一套完整的修志理论，被誉为“方志之圣”。

他历时 30 年而成的《文史通义》，独创新义，与唐代刘知几的《史通》齐名，并称我国古代史学理论的双璧。

他的《校雠通义》，代表了我国古代目录学的最高成就。

章学诚一生颠沛穷困，却“撰著于车尘马足之间”。晚年卜居于府城塔山下，整理毕生著述，终因双目失明、贫病交加而卒，葬于山阴芳坞（今绍兴市柯桥区福全镇锦坞村）章家坟头，当地又称“师爷坟”。

如今在塔山北侧，修复了章学诚故居，以扬先贤遗风，促后人奋进。

绍兴文人的一大特点，是结社；绍兴文化的一大亮点，是会社。

332

文人结社之滥觞。

绍兴的文艺会社，始见于东晋。其后数量渐增，会社宗旨亦渐由纯粹研习文艺转向关心社会。

东晋永和九年（353）三月初三的兰亭修禊，参加的 42 人写了 30 多首诗，并由召集人王羲之结集作序。这实际上也是兰亭诗会，是绍兴文人结社之滥觞。

333

百年越社。

越社是成立于清宣统三年（1911）的书画艺术团体，至今已走过了 100 多年的历史。

越地有幸结书缘，翰墨飘香延千年。李斯刻石辟天地，右军临河挥笔椽。天池自谓四排序，老莲人夸五拈连。社团从来聚俊贤，书画原本同相源。

绍兴文艺会社的典型代表，在书法界与绘画界。层出不穷的书法世家、绘画流派，实际上是无形的书画会社。

334

绍兴是书法故乡。

称绍兴为书法故乡，其理由有四。

第一，中国以文字为艺术品之习尚，是从越国的文字“鸟虫书”开始的。中国文字从单纯的记事工具变为多彩的书写艺术，是由越人首创的。

第二，中国书法史上第一位有名有姓、文献上有确凿记载，而且今天还能见到其书迹的书法家李斯，堪称中国书法史上的第一位圣人。他与越地有不解之缘，留下了《会稽刻石》。

第三，书圣王羲之在会稽成就了“天下第一行书”《兰亭集序》，绍兴也因此而成了书法圣地。

第四，王羲之以后的越中，书风弥漫、翰墨飘香，代有闻人、绵延不绝，一批又一批的书法大家、大师，成了中国书法史上的中流砥柱、栋梁之材。没有他们，就没有中国书法艺术的高楼大厦。

335

王氏家族，书法世家。

王羲之家族，家学渊源绵长，书法数代相传。

王羲之从伯王导、父亲王旷，均为知名书家。

王羲之承古开新，与钟繇并称“钟王”，人称“书圣”。

王羲之诸子皆善书，尤以献之最著，与其父并称“二王”。

王羲之次子凝之之妻谢道韫，有才华，亦善书，其书给人以雍容和雅、芬馥可玩之感。

王羲之好友孙绰，尤擅碑文书写；另一好友戴逵，书画皆善。真是近朱者赤。

王氏书风历数代而不衰。王羲之七世孙、第五子徽之之后，高僧智永，工正、草书，精熟过人，其书风对唐宋书家极有影响，颇为苏轼、米芾推崇。曾书《千字文》数百本，分送浙东诸寺。因求书者众多，住处门槛几被踏断，遂包以铁皮，人称“铁门限”。

336

谢灵运一族，出了5位出类拔萃的画家。

谢灵运本人文名“江左第一”，且善书善画，曾于镇江甘露寺作壁画6幅。

其族弟谢惠连，书、画皆工，称名于世。

谢稚，传世作有《列女母仪图》《三马伯乐图》《秋兴图》等。

谢庄，尝作木方丈图，为我国地理模型开山之作。

谢约，善画山水，传世作有《大山图》。

谢氏一族取得的成就说明，画与书相类，多由家学渊源，多为家族传承。

337

唐代徐氏，四代书家。

唐代越中书法，卓然成就于世。其中尤有会稽徐氏一门，四代皆善书艺，有书名。徐世道，精于翰墨。其子峤之，正书入妙，行书尤能，遒媚有楷法。

徐世道孙、峤之子徐浩，字季海，《新唐书》本传中称其“八体兼备，草隶尤工”，所书如“怒猊抉石，渴骥奔泉”。成语“怒猊渴骥”，即出于此。徐浩另有《书法论》《论书》《古迹记》等书学理论方面的著述，称得上是一位书法全才。

徐浩长子徐璹，幼勤学书，颇得笔法，尤工真、行书。精鉴别，胜常人。他既是一位优秀的书法创作家，也是一位优秀的书画鉴定家。

338

宋代擅书法的皇后姐妹。

杨桂枝，会稽人，是南宋宁宗赵扩的皇后。宁宗建太清宫时，杨皇后曾书《道德经》石幢，足见其书法功力。

杨皇后之妹杨珪，人称“杨妹子”，亦工书，其书波撇秀颖，丽遒妍媚，映带漂湘。

339

唐宋画家三特点。

唐宋时期，绍兴画坛名家众多，特点有三。

一是帝王瞩目。陈闳画唐玄宗及唐室诸帝王像，冠绝一时。他曾受玄宗之命，与吴道子、韦无忝合作《金桥图》，时称“三绝”。孙位的传世佳作《孙位高逸图》，画名为宋徽宗所题，现藏于上海博物馆。

二是多有高僧。会稽高僧道芬，善画山水，以格高著称。推荐白居易有功的大诗人、大画家顾况，曾作诗赞其为“镜中真僧”，并将其与当时的山水大画家李昭道、朱审等相提并论。山阴高僧仲仁，擅画梅，创水墨晕写墨梅，黄庭坚赞其画“写尽南枝与北枝，更作千峰倚晴昊”。

三是各成风格。陈闳尤擅人物、鞍马。孙位人物、山水、松石、墨竹和佛道皆擅，尤以画水、龙著名，笔力雄壮奔放，不以着色为工。会稽人王英孙，善画墨竹兰蕙，画风雅洁潇洒，为时人所崇。

340

越中金石集大成之作。

清嘉庆年间，山阴藏书家杜春生等辑成《越中金石记》，成为越中第一部金石集大成之作。其中“辑存”考录碑版218处，根据历代金石考和地方志载“阙访”438处，共计656处。

2005年，中华书局出版了《绍兴摩崖碑版集成》一书。该书拓印、收录了山阴、会稽2县于1949年10月1日前，字面基本完好，具有一定历史、艺术、科学价值的摩崖94幅、碑版121通、墓志20方(盒),凡235品,称得上是21世纪初山会地区摩崖碑版的集大成之作。

341

绍兴的摩崖碑版。

绍兴的摩崖题刻,琳琅满目,源远流长;碑版勒石,俯拾皆是,遐迩闻名。

观其作者,帝王将相,乡牧里吏,蟾宫折桂,点缀其间;志士仁人,骚人墨客,草野隐逸,丛集于内。

察其文辞,歌功颂德,抒写心志,概述生平,应有尽有;弘佛扬道,恭录祭祀,告示民众,不一而足。

究其形式,寻丈巨碑有之,盈尺小碣亦有之;精雕细琢有之,粗凿犷刻亦有之。

考其法书,篆隶真草,诸体杂陈;古拙朴讷,若痴若稚;俊逸洒脱,龙飞凤舞。

诚可谓吉光片羽,皆可宝也。摩崖碑版,可补档案之不足,证文献之真谬,赏书法之多姿,知乡史之兴替,益后世之教化,实在是价值连城、意义非凡的。

342

清代书家多擅碑。

山阴人杨宾,8岁能作擘窠书,所书圆韵自然,著有《金石源流》和书法论著《大瓢偶笔》。

会稽人赵之谦，书、画、篆刻均卓绝一时，篆刻多融碑意于其中，魏体书法姿态百出，为时所重，与老乡任伯年、吴昌硕并称清末三大画家。

会稽人陶濬宣，是东晋陶渊明45代孙，每临一碑，辄至数千百遍，自幼无一日间断，暮年仍不辍寒暑。大政治家、书法家翁同龢深服其书法，派人持手书相邀，信内写明“免去官礼，彼此青衣小帽相见”，真是毫无架子，礼贤下士。大政治家、学问家梁启超，对其魏书极为推崇。

343

碑帖相融的源头。

绍兴是以王羲之为代表的帖派书法的发源地，清代绍兴碑派书家的异军突起，堪称奇迹，意义非凡，意味着碑帖相融已成书法发展的趋势，碑帖兼善书家的涌现已成历史的必然。

于此而言，则绍兴在中国书法史上又开了一个好头，成了碑帖相融的源头。

自清代中后期碑派书法高潮兴起后，绍兴也不乏从碑者。除杨宾、赵之谦、陶濬宣外，继之而来的魏戫、吴隐、杜泽卿、顾燮光、鲁迅、徐生翁、周庸村等，似乎已经形成了这碑帖相融的势头。当今的少壮派肖慧与娄东昇，气养山阴，心游龙门，称得上碑派新家。

这就说明，不管是帖还是碑，作为书法，其基本的规律是相通相融的。

344

任氏一门，画坛半壁。

任氏一门，英才辈出，占了有清一代画坛的半壁之多，成为艺坛奇观。

任熊，山阴人，工书善画，长于人物，造型古硬，敷色鲜艳，富有装饰意趣。

熊子预，继承家法，亦善山水人物。

熊弟薰，工画，尤长人物、花鸟，著《十八应真图画谱》，所作《人物扇》藏于故宫博物院。

任颐，字伯年，幼从族叔熊学画，并得父鹤指授，后又从薰学画，擅花卉、翎毛、山水，尤工人物，为“海上画派”代表之一。

颐女霞，善画人物、花卉，所作《松下泛舟图》存日本。

颐子堇，亦善画。

345

清代书坛多巾帼。

清代绍兴文艺界的一大奇特现象，是不乏女中俊才书家。

王瑞淑，是才情烂漫、忠君爱民的文学家、书画家王思任之女，每每挥毫，不让须眉，是位诗、文、书、画的全才。

陈道蕴，是陈洪绶之女，工画，亦善书，尤擅小楷，精致绝伦，名闻越中。

吴净鬘，陈洪绶之妾，工书、画，笔致妍丽，清代词人、学者朱彝尊称“皆入妙品”。

上虞人徐昭华，号兰痴，善丹青，尤工楷隶，府中父友毛奇龄称其“书传王逸少，画类管夫人”。

会稽人商婉人，精楷书，清初杰出诗人、文学家王士禛在《香祖笔记》中，称其“工楷法”。

山阴人周巽，精绘画，工书法，著有《须曼阁小稿》。

山阴人金礼嬴，幼娴翰墨，志趣高远，书、画皆精，妙夺古人。

清代越中多才女，是越地书风劲吹、书香弥漫的一大标志，也是越地得开放风气之先的一大标志。

346

书乡重书教。

在所有的艺术门类中，书法恐怕是最具中国特色的。

书法的延续，是中华文明延续的一种方式，而青少年无疑是承载这一延续的主要对象。

书法有利于青少年锤炼良好品行，培养创造精神，促进身心健康。

为了使书乡后继有人，使书艺代代相传，绍兴县(今绍兴市柯桥区)于2004年在九年制义务教育阶段开设了书法教育课程，开创了全国的先河。

为了保证教学质量，绍兴县还专门编写了9册《书法》教科书，于2004年8月由浙江科学技术出版社出版，这在全国也是首例。

这一年，还在书法圣地兰亭，创办了中国第一所书法艺术大学——兰亭书法艺术学院。

347

兰亭书法节。

1985 年 1 月 24 日，绍兴市第一届人民代表大会常务委员会第八次会议，郑重地做出了将每年的农历三月初三——当年王羲之与 41 位亲友在兰亭雅集的日子，作为绍兴市书法节的决定。

此后，每年的书法节，都成了市民的节日、书艺的盛会。沙孟海、赵朴初、启功、沈鹏、张海、苏士澍等，在兰亭这个书法圣地，留下了诸多墨宝。

> 竹茂林幽，景胜人悠。赋觞咏、鸣鹿呦呦。骋怀方泽，游目平畴。贵适天地，乐山水，写春秋。华夏荑柔，文字如舟。懒书艺、馨播神州。兰亭遗韵，翰墨风流。可观宇宙，展襟抱，任悠游。

> 三月初三惠风舒，四十二贤多雅趣。崇山茂林映清流，峻岭修竹观天宇。游目骋怀寄逸兴，列坐其次吟诗曲。而今书圣已远去，难忘仍是《兰亭序》。

绍兴对中华文化的贡献，除了书法，还有很多，如成语典故等，可谓不胜枚举。

348

源自越地与越人的成语典故。

山东教育出版社于1984年12月出版的李毓芙选注的《成语典故文选》(修订本),收录了从先秦到清代的1383篇文章,也就是1383个成语典故的原文、出处,其中与越地、越人直接相关的有89个,占了6.4%,这实在是一个不小的比例。

349

卧薪尝胆。

卧薪尝胆,作为一个成语,最早出现于北宋苏轼的《拟孙权答曹操书》;作为一个典故,则是对越王勾践励精图治、改革图强,转危为安、反败为胜,承前启后、成就伟业精神的高度浓缩。

这个充满褒奖、渴望成功的成语典故,影响、教育、激励了一代又一代中华儿女。不仅如此,它更是一个人、一个地方、一个民族、一个国家不甘落后、力图振兴的内在动力与文化基因。

350

柳暗花明。

这个成语,出自陆游的诗《游山西村》,其中有句:“山重水复疑无路,柳暗花明又一村。”

垂柳浓密，鲜花夺目，这无疑是繁花似锦的春天景象。成语所比喻的，正是在困难中遇到了转机。

351

绝妙好辞。

东汉时，孝女曹娥的事迹，感天动地。汉桓帝元嘉元年（151），上虞县长度尚奏请朝廷将其表为孝女，改葬于舜江岸旁，并请13岁的邯郸淳为14岁的死者撰写了一篇十分出色的碑文。

当年大文学家蔡邕来到越地，也特地赶去看这块碑。暮色中，蔡邕手摸碑文而读之，有感而发，在碑阴题写了“黄绢幼妇，外孙齑臼”8个字。

蔡邕的题词，其实是一则当时正处成熟阶段的推衍离合体的诗谜，向为人所推崇，后世谜家还将这种谜语结构命名为“曹娥格”。

这8个字中：黄绢，指的是色丝，合字为“绝”；幼妇，指的是少女，合字为“妙”；外孙，指的是女子，合字为“好”；齑臼，指的是受辛，合字为“辤”（辞的异体字）。

绝妙好辞或绝妙好词，后来常常用来赞美诗文佳作。宋末，周密曾收录南宋130余位词人的佳作，编成一集，书名就叫《绝妙好词》。

352

千岩万壑，云兴霞蔚。

顾恺之，字长康，是东晋时期的才绝、画绝、痴绝。《世说新语·

言语》中，记录了他对会稽山水的经典描述："顾长康从会稽还，人问山川之美。顾云：'千岩竞秀，万壑争流，草木蒙笼其上，若云兴霞蔚。'"

从此，千岩万壑，云兴霞蔚，几乎成了稽山鉴水的代名词，也成了绚烂景色与美丽风光的同义词。

353

应接不暇。

王献之，字子敬，是王羲之之子，写得一手好字，对会稽山水颇多赞美。《世说新语·言语》就有这样的记载："王子敬云：'从山阴道上行，山川自相映发，使人应接不暇。若秋冬之际，尤难为怀。'"

这个成语，原形容景物繁多，来不及观赏。后多形容来人或事情太多，应付不过来。

这顾恺之与王献之真的是把绍兴的山水景物写到了极致，为越地做了永久的宣传广告。也难怪此后的越中，成了各色人等纷至沓来、流连忘返的胜地。

江山需要文人捧，何况人乎？

354

触类旁通。

"触类"一词，源出《易经·系辞上》："引而伸之，触类而长之。"

"旁通"一词，源出《易经·乾·文言》："六爻发挥，旁通情也。"

而“触类旁通”作为定型词组，则是最早见于道墟章学诚的《文史通义·诗话》：“触类旁通，启发实多。”

触类旁通，比喻接触、把握了一种事物的知识或规律后，就可推知同类事物。这是一个重要的学习方法、工作方法与思想方法。而章学诚本人正是触类旁通的楷模。

355

合浦还珠。

东汉时，合浦（今广西壮族自治区北海市合浦县）这个地方盛产珍珠，只因贪吏采求无厌，珍珠减产，以至“行旅不至，人物无资，贫者饿死于道”。

会稽上虞人孟尝任合浦太守后，革易前弊，去珠复还，百姓重新安居乐业。

孟尝懂得保护资源环境方可持续发展的道理，明白资源即是财源的真谛，并见之于行动，收到了去珠复还的成效。难怪《后汉书·孟尝传》中载，他被老百姓“称为神明”。

良好的生态环境与经济基础，使合浦成了汉代海上丝绸之路中最早进入南海并通往印度洋、地中海的始发港。孟尝通过对资源环境的保护，不仅使珠还合浦，更使合浦走向了世界。这其中蕴含的借鉴意义，历久弥新。

356

乘车戴笠。

越人爽直诚恳，不以贫富、地位论交情。唐徐坚《初学记》所引晋周处的《风土记》中，记述了这样一个故事。“越俗性率朴，初与人交有礼，封土为坛，祭以鸡、犬。祝曰：‘卿虽乘车我戴笠，后日相逢下车揖；我步行，卿乘马，后日相逢卿当下。’”

率朴、有礼，是越人的优良传统，也是他们成功的一大法宝。

357

越医越药影响大。

越人对中华文化、中华文明的贡献，既有非物态的，也有物态的，如越医越药。

2017 年 7 月 1 日，浙江省十大中医学术流派出炉，绍兴占了 2 个，分别是绍派伤寒与温补学派。

其实，早在清末民初，越医即在传承与创新中显示了强大实力，成了中医界影响最大、人数最众的一个群体，促进了中医东渐，引领了当时海内中医药的发展。

注重学术研究与人才培养，是越医领衔中医的一大法宝。早在 1908 年，越中名医何廉臣、裘吉生、赵逸仙等，便发起成立了绍郡医药学研究社，并编辑出版社刊《绍兴医药学报》，连章太炎这样的社会名流也在上面发表文章，足见越医在全国的影响。

我国近代2所有影响的中医学校，校长也均为知名越医。1916年，浙江中医专门学校开始筹建，次年招生，绍籍名医傅懒园任校长兼医务主任，校内不少老师是他的弟子、门生。苏州国医专门学校，于1934年由绍籍名医王慎轩在1926年创办的苏州妇科医社基础上改组而成，他既是创办人，又是实际负责人。

358

越医越药历史久。

越医越药源远流长，《后汉书》卷八十二下中即有蓟子训“卖药于会稽市”的记载。

医者知药，药者懂医，医药两旺。绍兴震元堂、嵊州鹤年堂、诸暨延寿堂、上虞天芝堂等老字号，正是在这种情况下，应运而生，成为越医越药的集大成者的。

越医越药老字号中，尤以创始于清乾隆十七年(1752)的震元堂名气最大，素有名医长坐堂、有方皆法古、无物不藏真的传统。真可谓：

> 堂开乾隆时期，宗旨从未忘记。百年不折不挠，欲震万众元气。

359

越医越药才俊多。

千百年来，越医呈现出专科专家多、临床流派多、理论著述多的鲜明特征，并因此而执牛耳于浙江医界，居前茅于中医行列。

《中华医学百科全书·医学史》中，记载了107位中西医名家，其中绍兴籍的有10位。

在我国“十五”规划的重点图书项目“民国名医精华”中，国家计划整理出版13位医家的21部图书，绍兴籍医家撰写的占了7部。

360

越医越药的核心是一个“和”字。

中医中药，是民之良友、国之重宝、治病良术、文化遗产；越医越药，是中医药百花园中的奇葩。

越医越药源于春秋，兴于唐宋，盛于明清，传承至今。

它是越中先民主动适应“江南卑湿，丈夫多夭”自然环境的必然产物，体现了人与自然和谐相处的思想。

它也是越中先民救死扶伤、睦邻友好地域民风的集中展示，体现了人与人之间、人与社会之间和谐相处的思想。

它还是越中先民耕读传家、尚文好学人文传统的自然反映，体现了越人强调自我修养、注意自身和谐的思想。

越医既医身体之病，也医心性之病，而戏曲则更是直接而形象地教益人们的心性的。

361

绍兴戏曲。

绍兴戏曲，传统绵长，剧种、曲种多样，声腔、唱调丰富，剧作、剧论高超，编剧、艺人辈出，它既是绍兴文化的重要组成部分，又在中国戏曲史上占据了重要地位。

新昌调腔、绍剧、越剧及诸暨乱弹、绍兴滩簧、目连戏、孟姜戏等，都是著名的地方戏剧品种。

绍兴平湖调、绍兴词调、绍兴莲花落、绍兴宣卷等，都是流行较广、影响较大的地方曲艺。

362

新昌调腔。

越地调腔，出现于明代，俗称高腔、高调，主要流行于旧绍兴府、苏州府各县及浙东、浙西部分地区，以新昌从业最众、演出最盛而得名。2006年，经国务院批准，新昌调腔被列入第一批国家级非物质文化遗产名录。

明代越乡先贤张岱在《陶庵梦忆》中写到的朱楚生，即为时之著名调腔演员。

新昌调腔的曲牌体与唱腔，有调腔、昆腔、四平等，以调腔为主，兼有帮腔，是绍兴地区唯一以南北曲为剧本的剧种，反映了绍兴人海纳百川的宽博胸怀、为我所用的“拿来主义”、取人之长的谦虚美德、不忘根本的改革精神。

363

诸暨乱弹。

绍兴的乱弹戏，兴起于清康熙、乾隆年间，初以演唱乱弹为主。清末，与徽班、小京班等合流，兼唱多种剧目，演员多为诸暨籍艺人，俗称西路乱弹。

诸暨乱弹有“四多”。一是多为家庭戏，民间有“大班（绍兴大班，即绍剧）为天下，西路为人家，小歌班为老嬷（妻子）”的戏谚。

二是多以诸暨地方官白演唱，表演动作强烈夸张，乡土气息浓郁。

三是多在诸暨当地及绍兴、杭州、金华的部分地区演出。

四是多演社戏，在城隍庙、火神庙等场所演赛神、祀神戏，在庙会、迎社时演会社戏、太平戏，在家谱修成时演家谱戏等，内容丰富多彩，深得百姓欢喜。

364

绍兴滩簧。

绍兴滩簧，由清乾隆、嘉庆时，流行于绍兴及杭州、嘉兴、湖州、宁波一带的“鹦哥戏”发展而来。

鹦哥戏的表演者，多非专业的戏文子弟，俗谓“串客”，两三人即可扮演，故亦称“对子戏”“三脚戏”。

鹦哥戏内容多为民间生活、世俗情态，尤以男女私情为主；多以说唱新闻与小型杂扮相结合的形式表演；多即兴发挥，用口头俗语现编现唱；多嬉谑、调侃之作。

传统戏剧的服装，大体上分为蟒、靠、帔、官衣、褶子 5 类。绍兴滩簧既无帝王将相的蟒服，又无武将的铠甲靠，也无文官的官衣，只用便服帔与平民服装褶子。故越谚有云：“鹦哥戏勿是戏，也无刀枪也无旗，也无蟒靠也无衣。”

鹦哥戏虽然不是戏，却人人喜。越谚云：“看了鹦哥戏，男人勿要出畈，女人勿要烧饭。”

鹦哥戏行头简单，内容平凡，却如此引人入胜，令人深思，值得借鉴。

365

绍兴莲花落。

绍兴莲花落出现于清末，为走唱形式的地方说唱文艺。

莲花落表现的主题，多为恭喜发财、吉祥如意、和睦团结、乐善好施等，题材大多取自民间生活，具有浓郁的乡土气息与生活气息，常常在插科打诨、嬉笑怒骂中给人以教益、启迪。

莲花落与佛教音乐，有着某种程度的联系。佛教的梵呗唱导，在隋唐以前，已出现民间化的趋势。唐代道宣《续高僧传·杂科声德篇论》中载：“世有法事，号曰莲花。”

我们不知道这佛教的梵呗莲花，与后来唱遍江南的绍兴莲花落，究竟具体关系如何。但在莲花落之类的民间曲调中，有着佛教音乐的渊源因素，当是毫无疑问的。

366

看戏文。

旧时的绍兴，民众多口头谣作。戏文，是旧时绍兴人对戏曲的俗称，今日乡间仍然沿用此称。

《看戏文》便是其中的代表："京剧打官话，绍剧为天下，越剧讨老嬷，莲花落讲造话，鹦哥班说坏话。"

"京剧打官话"，指的是京剧的对白多为民间所称的"官腔"。

"绍剧为天下"，指的是绍剧多为帝王将相方面的戏。

"越剧讨老嬷"，指的是越剧多为谈情说爱方面的戏。

"莲花落讲造话"，指的是莲花落多生动、形象的比喻。

"鹦哥班说坏话"，指的是鹦哥班多用插科打诨之动作与语言。

这谣作，真是把各类绍兴戏文的特征描述得淋漓尽致，也把绍兴人的智慧反映得淋漓尽致。

367

绍兴社戏。

绍兴社戏又称水乡社戏，是最具绍兴地域文化特色的民俗活动，凝聚着古往今来绍兴人的乡愁。

2008 年，水乡社戏入选第二批国家级非物质文化遗产名录。

2017 年的央视戏曲春晚，设立了南北两个分会场，南方会场选在了绍兴，内容是"撑着乌篷船，绍兴看社戏"。录制现场的绍兴柯岩风景区水上戏台张灯结彩，数十条乌篷船挂着灯笼围在戏台前。

台上，"书房门前一枝梅，树上鸟儿对打对……"，艺术家们踩着台步，悠扬吟唱《梁祝 · 十八相送》。

台下，看戏的观众坐在船里，随着水波荡漾，看得如痴如醉。

岸边，绍兴地方小吃扯白糖、臭豆腐、香糕等摊位一字排开，游客们或争相品尝特色美食，或入神欣赏民间手艺，或开心观看猴戏杂耍。

这幅水乡年味画卷，几乎还原了鲁迅笔下的社戏场景。

乌篷船上看社戏

368

越人性格的密码。

绍剧与越剧，均是“中国十大传统戏剧”之一，在中国戏剧史上具有重要地位。与绍兴师爷、绍兴黄酒、越窑青瓷等一样，它们也因为诞生于绍兴、由越人原创而得名。

戏曲是人文的精华、社会的镜子、历史的浓缩。绍剧与越剧，兴起于清代的绍兴，是水到渠成、瓜熟蒂落的事情。

绍剧与越剧是解读越人性格的密码。其内容与唱腔，前者以武为主，铿锵、激越、豪放；后者以文为主，柔和、绮媚、婉约。

这种具有鲜明地方特色的戏剧所反映的，正是绍兴人不卑不亢、刚柔相济的性格。

369

慷慨激昂的绍剧。

兴起于清康熙、乾隆年间的绍剧，俗称绍兴大班、乱弹班。其内容，忠、孝、节、义，惊心动魄；其唱词，直白明了，驰神动人；其音调，气势磅礴，撼天动地。

绍剧的传统题材广泛，大体上包括忠奸争斗的清官戏、征伐平乱的征战戏、婚恋嫁娶的家庭戏，以及除暴安良、劫富济贫的侠义戏，神妖斗法、以正祛邪的神话戏等。

绍剧最具代表性的剧目，当数《孙悟空三打白骨精》了。

370

孙悟空三打白骨精。

1958 年 4 月，浙江绍剧团首次赴京演出《孙悟空三打白骨精》，标志着现代绍剧北上演出的开始。在京演出期间，周恩来总理观看了演出，并与演员亲切交谈、合影留念。

1960年,这部戏由上海天马电影制片厂摄制成彩色电影,在国内外广为放映,拷贝远销72个国家与地区。

1961年10月10日,浙江绍剧团在中南海怀仁堂演出《孙悟空三打白骨精》,毛泽东、刘少奇、董必武等领导观看演出。在京演出期间,周恩来、陈毅、贺龙、罗瑞卿等领导,也先后前往观看。郭沫若先生连看6次,并作七律一首,书赠剧团。

1961年11月17日,毛主席作《七律·和郭沫若同志》:"一从大地起风雷,便有精生白骨堆。僧是愚氓犹可训,妖为鬼蜮必成灾。金猴奋起千钧棒,玉宇澄清万里埃。今日欢呼孙大圣,只缘妖雾又重来。"

毛主席作诗,周总理接见,既表明了共和国领袖对绍剧等中华优秀传统文化的重视,也说明了绍剧等传统文化无与伦比的教化作用。

371

中国最具实力的省辖市越剧团。

越剧因发源于越地、为越人首创而得名。欣赏越剧艺术,是越人习以为常的习惯;而弘扬越剧艺术,更是越人责无旁贷的责任。

创办于1986年的绍兴小百花越剧团,目前有国家一级演职员14人,获中国戏曲艺术最高奖"梅花奖"4位5人次,经典剧目《一钱太守》等演遍大江南北,堪称当代中国最具实力的省辖市越剧团。

越乡小花，神州奇葩。有琳琅、应接不暇。凤凰于飞，英姿勃发。看流派齐，人才济，德艺佳。雍容闲雅，璨若朝霞。沐春风、红嫣紫姹。鉴古开新，确乎不拔。须铭初心，为苍生，兴中华。

372

地方戏曲最多的省辖市。

绍兴市拥有越剧、绍剧、绍兴莲花落、新昌调腔、诸暨乱弹等20多种戏曲，是我国地方戏曲最多的地级市，名副其实的戏曲之乡。

由此可见，绍兴人不但干得好、写得好，而且说得好、唱得好。而这种善思能干、会道能说、擅舞能歌，正是越人的基因所在。

373

先秦越人善歌舞。

先秦时期，越人善歌舞。越王勾践以“五音”“五色”调教乐女，并将西施、郑旦进献吴王，谋解吴越争战之危。

1982年3月，在绍兴县坡塘乡（今绍兴市越城区鉴湖街道）狮子山村东周墓中，曾出土铜屋模型。屋内置有2排乐人：前排2名女性，双手交置于小腹，引吭高歌；后排4名男性，操鼓、琴、笙、瑟演奏。这俨然已经是很标准、强大的演出阵容了。

374

秦汉六朝流行民间乐舞。

先秦越人善歌舞，秦汉时期更流行。东汉时期，会稽制造的铜镜、砖甓上，多乐舞杂耍一类浮雕与凹刻图像。同期所镌的曹娥碑上，亦称娥父盱“抚节按歌，婆娑乐神”。

六朝时期，会稽民间乐舞在南北文化交融与中西文化交流中，更见活跃，其情其景，常见于同时期生产的谷仓等越窑青瓷上。

越地流行的民间乐舞，多与越人的祭祀风俗相关。

375

越俗好祀。

越人好祀之风，源远流长。南朝梁著名文学家任昉在其《述异记》中载：“越俗祭防风神，奏防风古乐，截竹长三尺，吹之如嗥，三人披发而舞。”

这一记载的重要性在于告诉我们，早在三四千年前，越人的祭祀活动已很有规模和规则了。

这一记载同时告诉后人，防风氏虽因开会迟到而为大禹所诛，但人们还是没有忘了他在治水等方面所做的好事。这是一种难能可贵的恻隐之心，反映了越人功过分明、知恩图报、不落井下石的美德。

376

直接真传的绍兴佛教。

安世高是东汉时“安息国正后之太子”，于汉桓帝（147—167 在位）时到达京师洛阳，主要从事佛经的翻译工作。

汉灵帝（168—189 在位）末年至汉献帝（190—220 在位）初年，安世高振锡江南，来到会稽。此后，佛教开始在会稽传播。这也是这种外来宗教南传的嚆矢。

377

舍宅为寺。

舍宅为寺，东汉时已经出现，至东晋南朝时，成为风尚。

具代表性的，如王羲之舍宅建戒珠寺，谢安舍故居建国庆禅寺，王献之舍宅建云门寺，等等。这些名流的所为，对越中佛教的兴盛起到了极大的促进作用。

378

越州是中国佛教东传的重要源头。

隋唐五代十国时的越州，为中国佛教三论宗、天台宗、密宗传入日本、高丽等，发挥了重要的源头活水作用。

最早入隋受越州嘉祥寺吉藏三论宗之旨的，是来自高丽的慧灌。

他学成后赴日传授，成了日本三论宗的初祖。

日本的求法僧最澄、空海、圆珍和留学僧义真、圆载等，都到越州求过法。

最澄在越州龙兴寺、法华寺习天台宗的同时，在峰山道场（今绍兴市上虞区东关街道境内）受顺晓法师的密宗灌顶。最澄回国时，还从越州带去了佛经102部115卷及大量佛具。由于在越州的经历，他在日本创立天台宗时，主张台、密合一，成为日本天台宗的一大特点。

379

禅、诗相得益彰。

隋唐时的越州，是佛教僧侣的圣地，也是文人墨客的天堂，出现了僧人与诗人相友相兼、佛教与诗歌相交相融的神妙景象，成了越州乃至全国佛教与文化领域中的一大奇观。

游越的诗人们，遍访越中名山大川，表达山水禅林心境，丰富了诗歌创作的新题材，开辟了诗歌创作的新意境。李白的《石城寺》、白居易的《题法华山天衣寺》、孟浩然的《题大禹寺义公禅房》等，都是极佳的诗篇。

与此同时，云门寺僧灵澈、悬溜寺僧灵一等许多越中僧侣，也崇尚课余咏诗，表达禅意禅趣，以此来观照世界、理解人生、阐发禅理。这既是对佛教的一大贡献，更是对文学的一大推动。

380

名士佛教。

明清时，绍兴佛教的主流是大众化、社会化、世俗化。其中一个显著的特点，是名士们自觉修行，著书立说。

会稽歇庵居士陶望龄，进士出身，授翰林院编修，晚年受菩萨戒，以布衣蔬食终身。

山阴云来居士王应遴，著《慈无量集》4卷。

会稽居士王舜鼎，官工部尚书、太子太保，著《楞严妙指》10卷。

甚至连"疑佛谤经"的徐渭，中年后亦"持诵功德"，居然写出了《首楞严经解》等佛学著作。

陈洪绶在清军陷浙东后，即去云门寺为僧，并自号"悔迟"，以明其志。

大批名士加入佛教徒的行列，使佛教更有了文化的底蕴与意义。

381

非同寻常、光芒四射的云门寺。

一是建寺较早，先声夺人。东晋义熙三年(407)，以王羲之七子王献之旧宅传现五色祥云，安帝赐名诏建。云门寺由此而一开始便显得非同一般。

二是帝王注目，持爱有加。云门寺为历朝历代的帝王所关注，其中仅赐名、题额、赏金的帝王，就有10余位之多。

三是屡废屡兴，规模庞大。南宋乡贤陆游在其《云门寿圣院记》中写道，云门寺“缭山并溪，楼塔重复，依岩跨壑，金碧飞踊”，“虽寺中人，或旬月不相觌”。元时，云门寺更是发展成为包括三庵十二房的寺群。这要是放到现在，恐怕会有人称其为“云门寺集团”了。

四是高僧云集，三教相融。建寺之初，即有帛道猷、竺法旷等高僧居之。南朝时，有貌、义、诗、书“四绝”之誉的山阴高僧洪偃，以及王羲之七世孙智永与其兄之子惠欣，尝住持于此，智永更是居此达30年之久。唐时，高僧昙一住持云门，设坛度僧近10万人，云门一度成为佛教般若学幻化宗的传播中心。明末，湛然圆澄禅师时，云门寺法席大振，成为曹洞宗中兴道场。另一住持杉木祖师，曾去日本弘法30年之久。不仅如此，云门寺还吸引了各方名流。寺旁若耶溪，被道家称为第十七福地，葛玄、葛洪在此留下了炼丹井、炼丹石。唐时，王勃、李白、杜甫、白居易、王维、贺知章等400位左右的大诗人到访云门，直接咏及云门的诗作有50多首。宋时，范仲淹、苏东坡、王安石、欧阳修等，均访谒过云门，并留下佳作；陆游在此读书并留下了“云门草堂”遗址，直接以云门寺为题的诗有22首。明代，刘伯温、徐渭、董其昌、刘宗周等，留下了不少赞美云门寺的诗文；状元张元忭等辑成了《云门志略》5卷；陈洪绶等名人在明亡后，出家云门，结成了“十子社”。

五是书坛影响，仅次兰亭。这里是王氏书法的重要传承地。王献之尝隐居于此，留下了洗砚池等遗迹。智永临真草《千字文》数百本，分施诸寺，弘扬王书。虞世南尝于此向智永学书。

382

神秘莫测、奇特无比的平阳寺。

第一,朝廷优隆,迥非可及。平阳寺的神秘奇特,突出地表现为清朝三帝异乎寻常的赏赉优隆。临济宗禅师道忞,尝住绍兴大能仁寺。清顺治时奉召入京,赐号“宏觉禅师”。康熙初年,敕创平阳寺,规模甲于云门,后又赐御书《金刚经》一部。乾隆时,奉颁《大云》《轮祷》两经。

第二,规模宝物,无可匹敌。有寺殿寮舍近百间,寺田2000余亩。宏觉禅师血书《法华经》及康熙南巡时御赐禅师之田黄钵、红绸袈裟各一,时人谓之“平阳三宝”。

第三,诸多谜团,令人费解。一是清廷如此优隆之谜。二是顺治帝游居之谜。绍兴民间一直有顺治帝出家南游至平阳寺的传说。三是无尘之谜。寺内藏经楼至今已有300余年历史,却洁净如洗,一尘不染,墙角、屋顶无蛛网及鸟雀巢穴。

383

九峰禅寺。

九峰禅寺在今绍兴市柯桥区柯岩街道。

翠竹环峰,清泉伴龙;起自东晋,修于乾隆;几度兴废,今又重红;久久旨宗,佑民利众。

384

龙华寺。

绍兴古城内的龙华寺，始建于南朝宋文帝元嘉二十四年(447)。

当年的龙华寺，水环前后，面朝秦望山，广宁桥与龙华桥相伴左右，微风细雨时烟波缭绕，皓月澄潭中水天一色，蔚为壮观。相传殿中十八罗汉画像，为五代著名画家贯休的杰作。惜毁于20世纪六七十年代。

今之龙华寺，于2005年在原址重修。寺舍小巧雅致、南低北高，寺内清幽高洁、书香弥漫，称得上是闹市中的一方净土，寺宇中的一座书院。

385

寺院“寄名”。

鲁迅先生在《我的第一个师父》中回忆：“有一个避鬼的法子，是拜和尚为师的，也就是舍给寺院了的意思，然而并不放在寺院里。我生在周氏是长男，‘物以稀为贵’，父亲怕我有出息，因此养不大，不到一岁，便领到长庆寺里去，拜了一个和尚为师了。”

这个叫龙祖的和尚，给了少年鲁迅一个叫“长庚”的法名，一件“衲衣”和一根挂有历本、镜子、银筛之类的“牛绳”。

受佛教影响而成的这种“寄名”习俗，至今尚存。可见文化的影响力，是如此之持久，如此之巨大。

386

绍兴民间信仰的多元与兼容。

绍兴民间，尤其是农村，特别是山区，一般是门口奉门神，堂前奉祖宗，退堂奉财神，偏屋奉观音，灶间奉灶君，堪称五位一体。

这也从一个侧面反映了绍兴人的聪明灵光与兼容并包。难怪绍兴人做事总是八面玲珑、左右逢源，最后是事事称心、样样如意。

387

龙王崇拜。

旧时越地多龙王庙，这是越人民间信仰的一大特色。

龙王崇拜与越地作为水乡泽国紧密相关，目的是祈求风调雨顺。

特别值得一提的是，越人的“断发文身”，既是崇拜龙王的具体行动，又是崇拜龙王的高超智慧，因为先民“常在水中，故断其发，文其身，以象龙子，故不见害也”。

388

王坛舜王庙。

舜王庙在今绍兴市柯桥区王坛镇舜王山上，是江南规模最大、保存最完好的一座纪念舜王的庙。

舜王庙的石雕、木雕、砖雕，代表了清代雕刻的最高水平，堪称雕刻“三绝”。

舜王庙还有让人难解的“三奇”。一是山门前一株500多年树龄的大樟树,1976年枯萎,3年后又奇迹般复活了,至今枝繁叶茂,人称奇树。

二是大殿左侧有一块5平方米不到的泥地,无论是铺石板还是浇混凝土,不久后都会被拱开,人称奇地。

三是庙前深潭里的鱼,在每逢相传是舜的生日的农历九月廿七这一天,都会头朝庙宇,成群结队浮游而来,人称奇鱼。

389

上虞大舜庙。

大舜庙始建于唐朝,于清乾隆年间进行过大修,后又毁于大火。1935年,上虞士绅谷旸主持募修,可惜在抗日战争期间,遭日军轰炸后拆毁。

现在修建的大舜庙,采用两汉时期的风格,以石雕、铜雕为装饰,庄严、古朴。

390

上虞中华孝德园。

孝为上德,舜出虞乡。虞舜是我国古代“三皇五帝”之一,以贤德孝行著称。

上虞人对虞舜充满崇敬之情,在风景秀美的凤凰山麓,专门建起了中华孝德园。园里有古建专家朱光亚先生主持设计的大舜庙,有美术大师韩美林先生设计、亚洲规模最大的石雕群像——象耕鸟耘,还有中国孝德文化馆,等等。

前几年,中国文联授予上虞“孝德文化之乡”的称号,真是实至名归。

391

读书藏书亦孝德。

千百年来,孝德文化在越人身上的重要体现,是读书修身,经世致用,光宗耀祖,造福社会。

越地多名人,名人必读书。读书可以借,当然更需藏。有的人所读之书,以向别人借为主,有的则是边藏边读,当然也有以收藏为主的。没有藏,于己何来读,于人何来借呢?

由是观之,藏书本身,也是一种文化,是衡量文化发达程度的一大标志。一部绍兴人的读书史,又何尝不是一部藏书史呢。

392

越地藏书,起源甚早。

《吴越春秋·越王勾践外传》中,记载了赤帝在会稽宛委山藏“金简玉字”之书,大禹因此而“得通水之理”的故事。这大概是越地有关藏书、读书、用书的最早记载了。

2500 年前,作为大禹苗裔的越王勾践好战好武,也好读好文。他

“筑石室于乐野”，并藏书其中，“昼书不倦，晦诵竟旦”。后人将勾践所诵之典籍，称为“石室藏书”。

393

私人藏书之始。

越地专门的私人藏书，始于南朝梁时。时有山阴文学家孔休源，“聚书盈七千卷，手自校治”。

藏书超过7000卷，还亲自校勘整理，孔公称得上是越地的第一位藏书大家了。

394

古越藏书楼。

越中自古多藏书楼，而贡献、影响尤为卓著者，则非古越藏书楼莫属。

古越藏书楼创办于1902年，是中国近代图书馆的发端，实为国内最早的公共图书馆，堪称中华第一藏书楼。它诞生于越地，实在也是钟灵毓秀的产物，实至名归的结果。

捐资捐书创办古越藏书楼的，是乡绅徐树兰先生。先生“为地方劝学”的情怀、“存古”“开新”的宗旨，以及其子、孙苦心经营的精神，影响深远，流芳至今。

古越藏书楼馆舍虽早已废，然门楼尚存，遗风亦犹可见，另有数量可观的古籍存于今绍兴图书馆。

数典不能忘祖。发展好绍兴图书馆事业,保护利用传承好徐树兰故居及1990年已列为省级重点文物保护单位的古越藏书楼,以知"来龙"而明"去脉",需要进一步引起有识之士的关注。

395

读书、藏书、刻书的互动。

读书、藏书,离不开刻书。绍兴历史上读书之风弥漫,藏书之风盛行,是与刻书之风劲吹有着直接的互为因果的关系的。

历史上,尤其在唐之后,绍兴人才辈出,与刻书、售书、藏书事业的繁荣直接有关。

中唐时期,越州刊刻元稹、白居易的诗集,供乡学课读。唐长庆四年(824),浙东观察使兼越州刺史元稹,在为好友、杭州刺史白居易的《白氏长庆集》所作的序言中云:"扬、越间多作书模勒乐天及予杂诗,卖于市肆中也。"这是全国刊印书籍的最早记载之一,说明越地开创了雕版印刷的风气之先。

在此基础上,到了两宋时,越中更是成了两浙乃至全国的重点刻书地区之一。

明代时绍兴刊刻再掀高潮,呈现出了官书刻印多、乡贤先哲著作和地方文献多、私家刻印特色丛书多的特点。

清代时,绍兴整理、刊刻古籍丛书,成为风尚。文史大家、山阴平步青辑刊的《葛园丛书》11种,会稽赵之谦辑刊的《仰视千七百二十九鹤斋丛书》40种,著名藏书家、会稽章寿康辑刊的《式训堂丛书》41种,著名藏书家、会稽徐树兰胞弟徐友兰辑刊的《绍兴先正遗书》等，均颇有影响。乡贤蔡元培早年曾应聘于徐家校书达4年之久。

396

古越多书店。

刻书业的兴旺，带动了售书业的发展。自清康熙、乾隆时开始，售书作为一种职业，在绍兴城乡蓬勃兴起，先后出现了墨润堂等一批出版、流通书店。

墨润堂书苑，由山阴坡塘栖凫徐友兰子徐维则于清同治元年(1862)创办，地址在府城大马路水澄桥南首，乡贤蔡元培题写匾额。书苑主要经营上海商务印书馆、三联书店等出版的教科书及其他图书；自设木刻作坊，印行《绍兴先正遗书》《百家姓》等；还委托石印《越言》等。书苑图书门类齐全，主导图书突出，兼营文具用品，存续了近百年时间。

397

书店是人类灵魂的天堂，人类精神的乐园。

书店在历史上，曾经是人类文明的一大标志、城市品位的检验标准。现在的书店，尤其是实体书店，正既经受着城市化、信息化、现代化的挑战，也面临着城市化、信息化、现代化的机遇。

作为书业的组成部分，书店卖书与刻书、买书、藏书、读书，构成了一个有机的整体。

书业兴，则教育兴、人才兴、文明兴、百业兴。绍兴光辉灿烂的历史，最好不过地证明了这一点。而这种证明最集中的体现，是绍兴这座城市。

398

绍兴城之史。

越之所以闻天下者，由是城也。

周敬王三十年（前 490），越王勾践择今之绍兴龙山东南麓，筑城立都。今绍兴城由是而基。

汉永和五年（140），马臻太守筑鉴湖，水城桥都，始成雏形。

两晋之际，成“海内剧邑”，如“昔之关中”。

隋时，越国公杨素重修越城而定格局至今。

宋高宗陪都越州，升州为府，赐以年号，绍兴之名由是而始。兹后，汪纲知绍兴 8 年，街、路、巷、坊、河、桥终成网络。

元为路，明、清为府。

其间几经分合易复，而城池之基，未尝移也，乡贤陈桥驿先生赞其江南独绝、举国罕觏。

399

绍兴名之始。

绍兴古有越国、会稽、越州等诸多称谓。南宋建炎四年（1130）四月十六日至绍兴二年（1132）正月初十，高宗赵构驻跸越州一年零八个月，实际上是将这里作为了南宋的临时首都，或以临安为都前的首都。

1131 年正月初一，高宗改元，敕曰：“绍奕世之宏休，兴百年之丕绪……可改为绍兴元年。”高宗对越地充满患难与共之情，同年十月十一日，将自己的年号赐给越州，并升越州为绍兴府。绍兴之名，由此而始。

400

越国初都、禹裔故里冢斜。

冢斜村坐落于非同凡响的会稽山麓、舜江之畔。

冢斜集聚居住的余氏，源于大禹三子。因此这个村的余氏村民，是大禹的后裔。

冢斜是越人的重要聚居地。这个聚落很有可能始于守陵，也很有可能是带有越国初都性质的聚落中心。

冢斜拥有丰富多彩、弥足珍贵的文化遗产，是绍兴历史文化的一个缩影，堪称越中胜地。

正因为如此，2010 年 7 月 22 日，冢斜被住房和城乡建设部、国家文物局命名为“中国历史文化名村”。

如果说冢斜作为越国初都，还只是聚落性质，还有待进一步考证的话，那么，越国在今绍兴市境内先后所建立的嶕岘故都、埤中故都、平阳故都等 4 座都城，倒是文献有记载、考古有见证的。

401

越国的勾践小城与山阴大城。

公元前490年，越王勾践自吴归国后，开始了“生聚教训”的伟业，在今绍兴市越城区府山东南麓建勾践小城，城有陆门四，水门一，周长三里多，成为可以固守的政治中心与军事堡垒。

接着，勾践又命范蠡在小城东南兴建了大于小城10倍的山阴大城，又称蠡城，作为小城的城郭。大城陆门三，水门三，周长二十里多，成了越国的经济中心与居民住区。

这小城与大城，便是已在原址屹立了2500余年，闻名寰宇的越国古都、绍兴古城、东方水城。

402

汉时的绍兴。

汉代是绍兴历史上继越王勾践时期之后，第二个发展的高峰时期。

汉时的绍兴，会稽铜镜神州难俦，佛教东传先声夺人，鉴湖人工江南独绝，越窑青瓷开天辟地，耕读传家成为风尚。这真是一个政通人和、贡献卓越、百业俱兴、激动人心的伟大时代。

汉代绍兴发展的动人景象，是中国开始在世界舞台上崭露头角这种强盛景象的一个缩影。汉代以自己的强盛，而使国民充满自豪地称自己为汉人，并将这种自豪不远万里地影响到了域外，生生不息地传承到了今天。

403

隋时杨素修城。

杨素跟随隋文帝杨坚平定天下，率水军伐陈，尽收江南之地，以功高得封越国公。

隋开皇年间(581—600)，杨素在越州修筑子城，设陆门四、水门一，周围城墙十里。这是自越王勾践筑城以来，第一次有记载的城墙修建。

杨素修城，基本上确定了今绍兴古城的总体轮廓，其城墙的基础与今日绍兴市越城区的城区一环线大体吻合。

名闻天下的绍兴古城，正是在勾践奠基的基础上，由杨素定枢局的。

人们应当像永远不忘勾践那样，永远不忘杨素。

404

宋代绍兴成天下“大邑”“巨镇”。

得益于杨素修城，至唐代，越州成为名副其实的江南大都会，是统领浙东七州的浙江东道的道治所在。难怪见过大世面的大诗人元稹，在任浙东观察使兼越州刺史时，发出了“会稽天下本无俦”的赞叹。

宋代的绍兴府城，呈现出突破城墙限制，向着郊区拓展的好势头。南宋初，朝廷宣布了40个“大邑”，绍兴名列其中，位居前茅。

难怪南宋大政治家、诗人王十朋登临府山、鸟瞰全城时，发出了

"栋宇峥嵘，舟车旁午，壮百雉之巍垣，镇六州而开府"的感叹。乡贤陆游更是称"今天下巨镇，惟金陵与会稽耳"。

405

宋代汪纲修定水城布局。

宋代绍兴城的快速发展及其在全国的地位，是与入宋以来，朝廷与地方官府的努力分不开的。特别是宋高宗升越州为府，并冠以绍兴年号，极大地提高了绍兴的地位。

尤其不能忘记的，是宁宗嘉定至理宗绍定时的绍兴知府汪纲。汪纲在绍兴任职 8 年，对城门、道路、桥梁、房舍、仓库、场局、驿馆等，做了全面的增修与扩建，将城区划分为 5 厢 96 坊，浚河之湮塞，复河之便利。

经过这一次修建，绍兴城内的厢坊建置、街衢布局、河渠分布，大体定局，并一直保持到清末民初。

汪纲奠定了绍兴城网的基础，杨素奠定了绍兴城郭的基础，勾践奠定了绍兴城址的基础，他们是绍兴城建史上永垂不朽的"三公"。

406

十门七水三分田。

明代，绍兴在诸多的府城中独占鳌头，居浙江所辖宁波、温州等"上八府"的首位，并直到清代。

清时的绍兴城，享有"十座城门七弦水，城内还有三千田"的美誉。

十座城门，指的是西郭门、昌安门、都泗门、五云门、东郭门、稽山门、南门、水偏门、旱偏门、罗门。

七弦水，指的是城内河道纵横，犹如琴台上的七根丝弦。

三千田，指的是城内北海畈、罗门畈、望花畈、草子田头及东大池、大城湾、东郭门头、稽山门头、府山西麓、庞公池沼、承天桥畔等，或整片或零星的湿地、农田。

不出城郭而有山水之怡，身居闹市而有田园之趣。绍兴实在是独具一格的人间天堂。

407

江南独绝的绍兴古城。

绍兴古城，在绍兴市越城区。越城，可以理解为是越国古都、东方水城的简称。

这座古城，在古代城市中，以其记载之完整、规模之宏大、水系之发达、水域之丰富、山水之兼备、历史之悠久、人文之辉煌，而闻名中外。

绍兴这座古城，已在原址上屹立了2500余年之久，堪称江南独绝、举国罕见。

绍兴杰出乡贤、我国历史地理学巨擘陈桥驿先生，对古都的认定，提出了两个标准。一是历史上曾经作为独立的政权的都城，二是城址至今未变。以这两个标准来衡量，绍兴完全称得上是一座独具特色和魅力的中国古都。这当然是这座城市的光荣，但更赋予了这座城市的为政者与市民一份继往开来的沉甸甸的责任。

绍兴古城一角(陈剑宇绘)

408

神州独绝的绍兴护城河。

绍兴护城河,今亦称环城河、城河、环河,始建于2500多年前越王勾践筑城之时。勾践小城有陆门四、水门一;山阴大城有陆门、水门各三。此后,经历朝扩建、整修,终于形成了厚实的城墙、高耸的城楼与宽广的护城河。

清康熙《会稽县志》载:"城区内外并池以终之。外池东广十丈,深一丈;西广八丈,深一丈二尺;南广八丈八尺,深九尺;北广五丈,深八尺。内池俱广一丈八尺,深七尺。”在20世纪三四十年代毁城墙建环城路的过程中,环城河得以保留,实在是不幸中的万幸。

2000年,政府对12公里长的环城河做了系统整治,使其焕发出了窈然清碧、潆洄城周的新风貌。绍兴因此而名声尤隆,今日仍大受其惠,真可谓功在当代,利及后人。

409

举世无双的绍兴水城。

绍兴这座水城的老核心区,是8.32平方公里的绍兴古城。古城内,以河流湖池为骨架,街坊临河,宅第傍水,山、水、路、桥与水埠、建筑、园林、古迹巧妙而自然地融为一体,形成了街随河走、河连路桥、一河一路、一河两路和有河无路的独特风光与面貌。

这种独特风貌,配上粉墙黛瓦、水埠拱桥、石板小巷等隽美的建筑风格,更增添了水城的优雅与恬静。

从这一城市风貌与建筑风格来讲,绍兴这座漂泊在广泛的河流与湖池构成的水网之上的水乡城市,也可称之为水巷城市。

水巷多,必然桥梁多,绍兴因此成了中国桥都、世界东方桥乡。

无水不成城,无桥不显水,是形成绍兴水城、水乡、水巷、水镇、水村和水路的基本特征。

410

远胜西方威尼斯的东方水城。

18世纪末叶，法国传教士格罗赛曾经对绍兴城做过这样的描述：“它位于广阔而肥沃的平原中，四面被水包围，使人感觉到宛如在威尼斯一样。”

格罗赛的这一描述，成了后来称绍兴为“东方威尼斯”的来源。其实，对格罗赛的这句话，我们大可不以为然。因为格罗赛所看到的，只是绍兴与威尼斯均“被水包围”这种“一样”的表象，他根本没有了解到，这两座分处东西方的城市，在历史与文化上无可比拟的“不一样”。

我们来看看，绍兴建城，在公元前490年；而威尼斯建城，则是在公元6世纪，足足比绍兴晚了1000多年。在这1000多年的漫长历史中，绍兴积累了无比深厚的文化底蕴。这历史人文，加上绍兴独特的山水风光，更是没有一座城市可以同日而语的。

所以，我们大可不必因为格罗赛的描述而感到自豪，因为威尼斯与古越城实在无法比拟。以历史的悠久、人文的辉煌、自然的秀美，绍兴水城称得上是绝世无比的寰宇遗产。

当然，绍兴人要做的历史的传承、人文的弘扬、自然的修复等方面的工作，还有很多很多。

“东方威尼斯”

411

老街小巷多韵味。

绍兴街巷的格局，基本上定型于南宋宁宗嘉定至理宗绍定年间。当时，府城分设 5 厢 96 坊，知府汪纲是第一功臣。

明清时期，绍兴城既有“经画有条”“坦夷如砥”的“天下绍兴路”，更有铺以石板、连通街河、迂回曲折、幽深静谧的小巷小弄。

时至今日，古城依然保存着以作揖礼仪命名的作揖坊，取宣扬教化之意的宣化坊，按功能作用称呼的水弄与马弄，以及因明代乡贤、进士、礼部尚书、武英殿大学士谢迁府宅后花园而得名的大园弄等文化底蕴深厚的坊、弄。

这些街巷里弄，记载着历史沿革，登载着人文风情，承载着建筑文化，是绍兴古城十分珍贵的活态的历史文化遗产。

412

历史街区蕴人文。

今日绍兴古城的一大特色，是七大历史街区得到了重点保护。它们是：勾践小城、八字桥、蕺山、鲁迅故里、新河弄、石门槛、西小路历史街区。

这些历史街区较为完整地体现了城市的历史风貌与地域特色，较好地展示了古城悠久的历史、多彩的人文以及近似原状的街巷风貌、山清水秀的自然环境。

在经历了天灾与人祸的双重损毁，古城事实上已经无法整体保护的无奈情况下，通过重点保护、合理保留、局部改造，来争取实现普遍改善的目标，来尽可能保持古城历史的真实性、风貌的完整性和生活的延续性，仍然不失为是亡羊补牢的明智之举。

413

绍兴台门三千零。

绍兴的历史街区里边，分布着不少富有历史与人文价值的古老台门。“绍兴城里五万人，十庙百庵八桥亭，台门足有三千零。”这首旧时民谣里的“城”，指的便是现在的绍兴古城。

台，是旧时对高官的美称，如府台、藩台等。因此，台门开始时多为官宦府第与富豪宅第。

绍兴的台门具有名称独特、质量极高、数量繁多的特点。

以官衔分，有阁老台门、尚书台门、状元台门、翰林台门、进士台门等。

以行业分，有轿店台门、胭脂台门、锡箔台门、药店台门、当店台门等。

以建筑形式分，有石箍台门、竹丝台门、黑漆台门等。

另外，甚至还有朝向偏斜的歪摆台门、后门通另一街巷的漏底台门等，真是五彩缤纷，应有尽有。

414

司马府第与司马温公祠。

司马温公，即司马光。司马光是北宋时期的贤明宰相和著名史学家，其编纂的《资治通鉴》，是我国历史上第一部编年体通史。司马光去世后，宋哲宗嘉其为国尽力，亲临其丧，追封“温国公”，谥“文正”。

司马温公祠为司马光四世孙司马伋所建。其时,司马伋任吏部侍郎,封"开国公",随宋高宗南渡后,建设府第(今绍兴市越城区上大路杜家台门旁),安居山阴,并于所居之地立祠奉祀其祖。

司马温公祠代有修缮。明代宗景泰年间,司马伋九世孙重修。清康熙年间,知府俞卿又重修。2005 年再做修缮,存门厅、大厅,坐北朝南。

415

王阳明故居。

明正德十六年(1521),武宗朱厚照诏封王阳明为新建伯,并敕建伯府第。

伯府第规模宏大,用料高档,建筑考究,可惜太平天国时惨遭焚毁。目前尚存的王家台门,为府第的一部分,面宽五间,构筑简朴,用材粗大。另外尚存的遗迹,有观象台、王衙池(碧霞池)、石门框等。

王阳明出生于绍兴府余姚县,但府城是他生活时间最长的地方,现存的局部故居及故居遗址,是他留给这座城市的价值连城的物质文化遗产。今天的人们,有充分的理由,来向往这座城市,热爱这座城市,保护他幸存的局部故居与故居遗址、相关遗迹,传承他的遗产,弘扬他的思想。

416

江南府第之最吕府。

吕夲在明嘉靖年间担任过礼部尚书、吏部尚书与文渊阁大学士。

吕夲在绍兴府城的府第，三面环水，位于绍兴古城的西北侧，占地 3 公顷，共有 13 座厅堂，人称“吕府十三厅”，内设 2 条南北向的水弄、1 条东西向的马弄，其建筑布局颇似《水浒传》中描写的祝家庄，是江南最大的明代官式住宅群。

吕夲因丁忧回籍后不复仕途，优游林下 20 余年，85 岁高寿而终。

这座规模宏大的古建筑，早在 2001 年就被国务院批准列为第五批全国重点文物保护单位，正等待着有识之士更好地去关心它、保护它、利用它、传承它。

吕府现存的永恩堂为正厅，中悬明神宗皇帝所赐的“齿德并茂”匾。厅面宽 36.50 米，进深 17 米，彩绘清晰，用材硕大，结构简洁，制作规整，是江南最大的厅堂。

人怀永恩之情，终可齿德并茂。

417

清简为官的孙清简府第。

位于绍兴古城偏门直街的孙府台门，是明朝世宗嘉靖年间进士、曾任大理寺卿和南北两京吏部尚书的孙清简的府第。

孙府台门坐北朝南，可惜今日只存大厅、香火堂和东西厢房。其中的“两都冢宰”门额以及三重檐结构的香火房，历尽天灾人祸，留存至今，殊为难得，弥足珍贵。

孙清简为官清正，为人简明，恰如其名，多有美誉。他曾修书请家人主动退让地界，终使纠纷平息，邻里和睦，今与孙府毗邻的太平弄，即因此而得名。

418

春晖越中的杜家台门。

绍兴古城内下大路上、司马温公祠旁边的杜家台门，原为清代著名学者杜煦的故宅，坐北朝南，共有5进，每进天井各有东西两侧厢房3间，是绍兴目前保存较为完整且建筑规格较高的清代民居。

杜煦，字春晖，历乾隆、嘉庆、道光三朝，官至内阁中书。杜煦博览经史，学崇王阳明；多有藏书，楼称“大吉楼”；潜心校勘图书，曾将所获乡贤文献、遗墨刊刻、摹勒公之于世；著有诗文集。

杜煦与其弟杜春生在绍兴富盛跳山，发现了浙江省最早的摩崖刻石东汉“建初买地刻石”，俗称“大吉碑”，还同辑《越中金石记》，是一位低调而又卓有成就的文学家、藏书家、金石学家。

杜家素有耕读之风，名人辈出。祖上杜衍，历宋真宗、仁宗诸朝，进士及第，官拜同平章事、集贤阁大学士兼枢密使，封祁国公。

杜衍孙杜绾，为宋代著名矿物岩石学家，所著《云林石谱》，是我国古代最完整、最丰富的一部石谱，具有很高的科学价值。

杜氏一族，崇德尚文，乐善好施。杜煦之子杜稼轩于清道光时高中进士后，于府第门前的河道上架桥一座，取名“兴文桥”。

而今，桥还在，名依旧。兴文桥直街、杜家弄等与杜氏相关的地名，一如既往地见证着后人对好人好官的崇敬与怀念。

419

秋瑾故居。

位于绍兴古城和畅堂的秋瑾故居，原为明代大学士朱赓别业的一部分。后由秋瑾祖父典居。秋瑾少女时代在这里习文练武，1906年春自日本归国后至1907年7月被捕前，一直寓居于此。

秋瑾故居现为全国重点文物保护单位，坐北朝南，共5进，门楣上悬辛亥革命老人何香凝手书的“秋瑾故居”匾额。其中的秋瑾卧室，按原样陈列。

秋瑾是我国近代杰出的女革命家、妇女解放运动的先驱。她通经史，工诗文词曲，写得一手好字，还好剑术，善骑马，是一位名副其实的才女、侠女。

420

蔡元培故居。

位于绍兴古城笔飞弄的蔡元培故居，为全国重点文物保护单位。

故居坐西朝东，占地1856平方米，共3进。进了黑漆竹丝台门，为青石铺就的庭院，内设小天井，并有东西两侧厢房；第二进为大厅，坐北朝南，系明代建筑；第三进座楼，系清代建筑。

参访蔡元培故居，常常感叹，绍兴出了被毛泽东主席称誉的“学界泰斗、人世楷模”，绝非偶然。

421

鲁迅故居。

鲁迅原名周树人，“鲁迅”是其1918年5月在《新青年》杂志上发表第一篇白话小说《狂人日记》时首用的笔名。

鲁迅故居位于绍兴古城的都昌坊口，鲁迅从出生至18岁去南京及以后回乡任教期间，读书、居住、生活于此。

故居包括鲁迅出生的周家新台门、周氏宗族世居的周家老台门等，均系清代建筑，为绍兴古城规模最大、保存最完整的清代台门，是全国重点文物保护单位和全国爱国主义教育基地。其旁的三味书屋，是少年鲁迅读书之处，为现今绍兴市区仅存的清代私塾。

422

周恩来祖居。

周恩来祖居，由陈云题写匾额。又称“百岁堂”，因周恩来总理远祖周懋章之妻王氏寿至百岁，巡抚亲授“百岁寿母”匾而得名。

祖居占地2150平方米，建筑面积1680平方米，坐北朝南，共3进，是典型的明清风格的台门建筑。

祖居里陈列着一本周恩来总理的工作证，其中在籍贯的本籍栏上，明明白白地写着“浙江绍兴”4个字。

1939年3月，周恩来以中共中央革命军事委员会副主席、国民政府军事委员会政治部副主任的身份回到故乡，指导抗日，慰问军民，省亲祭祖，并在此与亲友相聚。

423

绍兴自古多园林，园林从来有特色。

绍兴古代台门多而有名，园林也是如此。自越王勾践“立苑于乐野”开始，名园代出，多达数百处，如书法圣地兰亭、爱情名园沈园等。

绍兴园林，大到王室林苑，小到私家花园，各具特色。即便是住宅一隅，一洼水池，几块山石，若干草木，也成园林小景。

绍兴园林的共同之处，在于与众不同。园必有水，并与亭、台、楼、阁、廊、桥及植物花卉，虚实相间，疏密有致；小巧玲珑，幽雅质朴；建筑风貌独特，人文气息浓郁。

424

西园。

位于龙山西麓的西园，为五代十国时的吴越国王钱镠所创，是后宫游乐之地。钱镠之孙钱弘倧让位于其弟后，迁居于此，益加整治，其美景驰名吴越间。

北宋景祐三年(1036)，为人清修纯饬、遇事毅然不屈的蒋堂知越州，再兴西园。后继者王逵、史浩、汪纲再增亭台池苑，尤成规模。元代时，诗坛领袖杨维桢寓居西园，并于此首创“诗巢”，后称“龙山诗巢”。至清时,西园仅存庞公池一隅。2000 年,依宋代园林布局,于原址重建西园。

园门两侧的对联“于越号名城风物此中多入画,东浙留圣迹林园无处不胜春”,道出了西园昔日的辉煌与今日的盛况。

真所谓,人事兴衰,历来如此;事在人为,古今皆然。

425

沈园。

位于绍兴市越城区鲁迅中路南侧的沈园,因系宋时富商沈氏私家园林而得名,又称沈氏园。

沈园盛名至今,俨然已成了梦想爱情、重温爱情、珍惜爱情的圣地。而这一切,实因陆游与唐琬的爱情故事。

陆游大概 20 岁时与唐琬结婚,23 岁时忍痛仳离,其间,沈园是他们不时游赏之地。

27 岁那年春天,陆游与前妻在沈园相遇,惆怅万千,百感交集,即兴而成此最宜于表达痛苦情绪的《钗头凤》:“红酥手,黄縢酒,满城春色宫墙柳。东风恶,欢情薄,一怀愁绪,几年离索,错、错、错! 春如旧,人空瘦,泪痕红浥鲛绡透。桃花落,闲池阁,山盟虽在,锦书难托,莫、莫、莫!”

此词借园林布景抒情,自然地将欢乐与当前落寞联结起来,造成强烈对比,使感情加深一层。错落有致的表达,有时双方,有时对方,有时自身,使意思更为深曲,在含蓄委婉中表达急切喷薄。真是天然而成的文字语言,抒写爱情的千古绝唱。

陆游沈园题壁

426

绍兴地名有文化。

绍兴这座城市，不仅台门、园林多而有名，地名更是多而有名。地名之名，名在有文化上。

据绍兴市有关部门统计，全市有3.55万条地名数据，其中蕴含了极为宝贵的历史文化信息，命名构造的方式就颇有文化。

以方位命名，体现地名的地理位置，如东关、东湖。

以山命名，如秀峰村、府山街道。

以水命名，如漓渚镇、湖塘街道。

以地貌命名，如卧龙山、堆高山。

以姓氏命名，如章家埠、谢家坞。

以人物故事命名，如夏履桥、禹会、型塘、项里。

以名胜古迹命名，如禹陵、兰亭。

以传说命名，如望仙桥。

以物产命名，如狭猺湖、香粉弄。

这些丰富多彩的地名，经过千百年的时间积淀，已经成了人们存放乡愁的摇篮、绵延血脉的驿站、栖息灵魂的天堂、走向明天的路标，是十分重要的遗产，值得好好地珍惜。

这些五彩缤纷的地名，或始于历史的发端，或因于重大的事件，或由于所处的地理，或出于名人的故事，或源于独特的物产，或寓于百姓的期待，等等，是一部研读不完的百科全书。

427

山水人文金柯桥。

柯桥，是一个充满山水风情与人文底蕴的名字。柯桥二字既包含了山，也包含了水。山水柯桥，造就了人文柯桥。

柯桥现在是绍兴市下辖的一个区。境内有一山，名曰柯山。山下有水，古称柯水。水上有桥，名为柯桥。桥旁有亭，称为柯亭，又名高迁亭，三面环水，形似半岛。东汉大文豪蔡邕曾于此取椽竹为美笛，所以柯桥又有个充满诗情画意的名字——笛里。

柯桥历史上就是鱼米之乡、纺织之乡、浙东重镇，素有“金柯桥”之称。而今，这里的中国轻纺城成了全球最大的轻纺产品集散中心，柯桥因此又有了“全球纺都”的美称。

428

上虞是虞舜故里，孝德之乡，山海胜地，人文渊薮。

上虞人爱以虞舜后人自居，这不是没有道理的。古代文献告诉我们，上虞、百官等地名与虞舜直接有关。北魏地理学家郦道元在其所著《水经注》中引《晋太康三年地记》：“舜避丹朱于此，故以名县。百官从之，故县北有百官桥。亦云：禹与诸侯会事讫，因相虞（通‘娱’）乐，故曰上虞。”照此算来，上虞、百官之名，已经有了4000多年的历史。

古籍上明确记载，舜是上虞人。晋周处《风土记》载：“旧说言，舜上虞人也。虞即会稽县，距余姚七十里。”唐张守节在正义汉代大史学家司马迁的《史记·五帝本纪》中，引用了晋贺循《会稽旧记》中的一段话："舜上虞人，去虞三十里有姚丘，即舜所生也。"

上虞至今还流传着许多有关虞舜的故事，保存着舜江、舜井、舜桥等 20 多处虞舜故迹。

429

嵊州是万年稻作源头，千年诗路要地，百年越剧故乡。

小黄山遗址中出土的栽培水稻遗存，证明了这里是中华稻作文明的重要发源地。

剡溪风光引唐代诗人竞折腰，他们纷至沓来，在此唱和，使这里成了浙东"唐诗之路"的关键节点。

100 多年前，也正是在这里，诞生了当今中国的第二大剧种——越剧。

嵊州相传为大禹治水毕功了溪（今称剡溪）之地。这里古称剡县，确切的建县时间为汉景帝四年（前 153）。唐武德四年（621），升剡县为嵊州，并析置剡城县，旋废州复置剡县。宋宣和三年（1121）七月，知越州刘述古以"剡"字两火一刀，有兵火象，奏请改称嵊，诏从之。"乘"，古作"四"解。"嵊"，从"山"从"乘"，意为四面环山，即东屹四明，西当太白，南耸天姥，北峙嶀山。

1995 年 9 月，撤销嵊县，改设嵊州市。

430

新昌,既是个有着高天青山的好地方,又是个寓意长新永昌的好名字。

五代梁开平二年(908),吴越王钱镠将剡县东部的新昌等13个乡划出,单独设县,寓新设县兴隆昌盛之义,称新昌县。

新昌自然风光秀丽,人文古迹众多,素有“东南眉目”之称。天姥山、大佛寺等国家级风景名胜区,“佛教之旅”“唐诗之路”“影视外景”等旅游品牌,大佛龙井、达利丝绸、回山茭白等特色产品,新昌小京生、炒年糕、春饼、芋饺等风味小吃,国家非物质文化遗产新昌调腔、新昌剪纸等民俗文化,既使新昌人充满了自豪感、幸福感,又吸引了纷至沓来的中外游客。

431

诸暨是千年古邑,多忠信之人,有物产之饶。

说到诸暨地名的由来,还真的很有意思。一种说法,如《元和郡县图志》卷二十六所言,“界内有暨浦诸山,因以为名”。

另一种说法,称禹在会稽大会诸侯,驻跸于此,爵有德,封有功,因定此地为诸暨,意即天下诸侯到达驻留议事之所。

还有一种说法,相传上古神农氏大臣诸稽尝至此,后遂以诸稽名其地,并演称为诸暨。

432

古老地名受重视。

2015年，绍兴市公布了第一批全市地名文化遗产保护名录，其中绍兴老城区10大类59个具有重大文化遗产价值的现存老地名，成为保护的重点。

名山胜水类，如府山、投醪河；街巷里弄类，如和畅堂、仓桥直街；水城桥梁类，如拜王桥、宝珠桥；城门古塔类，如迎恩门、大善塔；祠堂寺院类，如贺秘监祠、龙华寺；亭园楼阁类，如越王台和越王殿、沈园；遗迹遗址类，如西施山遗址、清白泉；泉井池沼类，如北海池、墨池；会馆店铺类，如布业会馆、钱业会馆；宅院府第类，如吕府、青藤书屋。

这些古老的地名，像一张张金色的名片，向你介绍着它久远的历史、厚重的文化。

433

绍兴涉水地名多。

绍兴是典型的江南水乡、东方水城，连地名也充分体现了水的特色，海、江、河、湖、荡、池、浦、渚、沿、汇、泾、渎、洋、浜、渡、泽、潭、湾、港、溇等三点水偏旁的单字，在地名中占据了最大的比例。

以《绍兴县地名志》为例，光是地名中带三点水偏旁的自然村就有545个，其中带“溇”字的多达343个。

这些地名，既反映了水乡水城的自然风貌，又充满了爱水护水的人文情怀。

434

绍兴多水鹅喜水，越人爱鹅多养鹅。

绍兴有很多姓“鹅”的地名，如鹅行街、鹅鸭桥、鹅湾坂、鹅池溇、鹅池、鹅湖、鹅泾、鹅港、鹅井等等。

听到、看到这些地名，不由使人穿越时空，想到旧时的绍兴，白鹅大摇大摆、踏泾走巷、穿村进户的有趣景象。

435

典出名人的地名。

“名士乡”，是毛泽东主席对绍兴的赞誉。绍兴的很多地名，典出历代名人，是对“名士乡”的极好见证与诠释。

与六朝前名人相关的，有典出春秋政治家范蠡的范蠡路、范蠡广场，典出春秋美女西施的苎萝山、容山、西施山路，典出汉代名臣朱买臣的张马桥与张马弄、汲水弄与覆盆桥、仰盆桥与望郎桥，典出鉴湖之父马臻的马臻路、鉴湖前街、跨湖桥，典出书圣王羲之的西街、笔飞弄与笔架弄、题扇桥、躲婆弄、金庭观。

与唐宋名人相关的，有典出四明狂客贺知章的学士街、至诏湾、贺秘监祠，典出大书法家李邕的北海桥、北海桥直街，典出南宋名将李显忠的武勋坊，典出爱国诗人陆游的梅园弄、香桥、春波桥、春波弄、快阁路。

与明清名人相关的，有典出儒圣王阳明的王衙弄、碧霞池、假山弄、船舫弄，典出明朝贤相谢迁的大园弄、谢家湾头，典出明朝名臣朱赓的和畅堂、白衙弄，典出清代藏书家、金石学家杜煦、杜春生、杜丙杰的兴文桥、杜家弄。

与现代名人相关的，有典出鲁迅的鲁迅路，典出大数学家陈建功的建功路，等等，不一而足。

这些地名，象征着绍兴的名人辈出，更表明了绍兴人的知恩图报、感恩戴德，见贤思齐、求贤若渴。

436

典出帝王的地名。

绍兴古城，有诸多与帝王相关的地名。如典出大禹的涂山路、凤林路，典出越王勾践的投醪河、纺车弄，典出秦始皇的山阴路、都亭桥、秦望山、刻石山，典出唐玄宗的唐皇街、开元弄，典出唐僖宗的祥符弄，等等。

在众多与帝王相关的地名中，典出吴越国王钱镠的地名特别多，有昌安街、前观巷、后观巷、拜王桥、凰仪桥、月池坊、观音弄、钱王祠前等。

这些地名，证明了爱民者民恒爱之的真理，蕴含着丰富的历史信息，称得上是历史的活字典。

437

南宋朝廷与绍兴地名。

绍兴的很多地名，与南宋朝廷相关。这一方面，是因为绍兴曾经是南宋事实上的初都；另一方面，是因为绍兴后来是南宋事实上的陪都。

大树江与大树江路，源于宋高宗赵构当年在此缘木渡江、化险为夷、脱离金兵追杀的故事。

会龙桥与玉龙桥，与当了40年皇帝的宋理宗赵昀于此生活、发迹有关，是"朝为田舍郎，暮登天子堂"的真实版。

东大池与东大池前，则因宋理宗的同母之弟、宋度宗赵禥之父、福王赵与芮所建府中的东大池而得名。

攒宫，虽曰"攒"，但事实上是一座永久性陵园，俗称"宋六陵"，安葬着以南宋帝后为主的七帝七后。

438

宋代后妃与绍兴地名。

历史上，不少皇室后宫嫔妃与绍兴有着密切的关系。如大禹妻子女娇、勾践夫人等。南朝梁敬帝母夏太后、唐穆宗王皇后、宋宁宗杨皇后、宋度宗全皇后等，都出生于绍兴。

特别是绍兴有不少的地名，典出宋代后妃。绍兴方言中，"相"与"向"同音，相家弄，即因北宋神宗向皇后临越时曾泊舟于此而得名。

香粉弄，是南宋时专门为皇宫后妃制作胭脂香粉的地方。

石门槛，原为绍兴妇科名中医钱氏的世居之地，因钱氏曾为宋高宗宠妃治愈妇疾而扬名。

凤仪路，因宋高宗的后宫嫔妃们当年常经此处而得名。

宫后弄，因这里是宋理宗母亲全氏的娘家而得名。

所有这些与名人相关的地方，亦可谓地以人名、地以人贵了。

439

官署成地名。

绍兴古城的不少地名，与历史上的官署相关。这些地名，信手拈来，信口而成，代代相传，是越人智慧的体现，也是越人敬畏官府、相信政府这种民风的反映。

《越绝书》卷第八载："官渎者，勾践工官也。"说的是官渎这个地方，早在2500多年前的越国时期，就设置了管理手工业的官署"工官"。人们后来因此而将其边上的河渎，称作官渎。今又因绍兴方言发音，讹作官渡。

草藐弄这个地方，隋以前"在州域外。俗谓征税之所为貌，以在郊，故名草貌"。今日之"藐"，始于民国之时，或为"貌"之误。

古城内的县前街，因旧时会稽县衙曾在这里而得名。

司狱使前这个地名，是因为宋时，负责管理监狱、察理狱囚事务的官署司理院位于此。明、清时，司狱司仍设于此，故而得名。"使"与"司"，绍兴方言同音，故俗称司狱使。

440

“酒缸”的历史见证——酒务桥。

绍兴古城内的酒务桥这个地方，因宋代曾在这里设置管理酒类事务的官署“都酒务”而得名，是绍兴“酒缸”的一大见证。

在城中设置这样的专门机构，既是越地悠久的酿酒业发展的必然，也是当时酒业兴盛的反映。

其实，古城内的投醪河这一名字，也是因越王勾践当年在此投醪劳师而得来的。

诸如此类的地名及建筑，既留下了具有鲜明地方特色的手工业发展的印记，也留下了城市发展的印记，是绍兴作为黄酒故乡的历史标志，也是绍兴作为历史文化名城的历史标志，具有至高无上的意义与无与伦比的价值。

441

“酱缸”的历史见证——咸欢河沿。

咸欢河沿这个寓意皆大欢喜的好名字，由宋代的咸酸（又称盐酸）河沿之名雅化而来，是绍兴“酱缸”的一大见证。

制酱需要有盐。绍兴“酱缸”的形成，是先人善于发挥地方资源优势的产物。越人制盐，在2500多年前的越国时期即已开始。“朱余者，越盐官也。越人谓盐曰余。”今余姚、余杭等地方，当时都是越人的盐场。至六朝，越地生产酱品已有相当规模。

宋时，官府利用这里源自若耶溪的清澈河水，开设了需要大量用水、用盐的酱园。

正是酱油、米醋及相应酱制食品在发酵过程中散发出来的阵阵咸酸味，催生了这个名副其实的地名——“咸酸”。也正是这里出产的美味佳料，衍生出了实至名归的地名——“咸欢”。

442

“染缸”的历史见证——局弄、营基弄、染棚弄。

绍兴古城的这些地名，是绍兴纺织、练染史的浓缩，是绍兴“染缸”的一大见证。

局弄，因明代曾在这里设有管理纺织练染业的官署织染局而得名。

营基弄，由“营机”谐音而来，因为明代时这里是织机声不绝于耳的缫丝、织梭的集中地。

染棚弄之名，在清光绪时绘制的《绍兴府城衢路图》中已经出现，显然是取染色布在晾棚上晾晒之意，说明这里当年必定是有相当规模的染坊的。

绍兴的织染业，历史悠久。越国时期，便已经有规模地生产葛布、麻布与丝织品。明、清时这些地名出现，实在是水到渠成的必然产物。

443

燕甸弄。

诗词往往是历史的浓缩、哲理的反映。唐代大诗人刘禹锡的“旧时王谢堂前燕，飞入寻常百姓家”，正是如此。

王、谢，指的是六朝时会稽的王导、谢安两大家族。以燕子为代表的鸟，是古越人的图腾。这诗句，既反映了王、谢两大家族的兴衰，又反映了越人视燕子为吉祥物、期待它入室筑巢的风俗。

绍兴古城内的燕甸弄之名，正是人与自然和谐相处的客观反映，也是越人期待美好生活的真实写照。

444

梅园弄。

梅园弄由大、小两条巷弄组成，因陆游当年曾于此筑园植梅而得名。弄内有座香桥，也因此而名。想象当年的梅园弄，在梅花盛开的时节，必定是沁香四溢的。

陆游一生十分喜爱梅花，作有160余首咏梅诗词。最具代表性的，自然是孤芳自赏、充满自信的《卜算子·咏梅》：“驿外断桥边，寂寞开无主。已是黄昏独自愁，更著风和雨。无意苦争春，一任群芳妒。零落成泥碾作尘，只有香如故。”

今日的梅园弄，较好地保存着绍兴传统的建筑风貌：庄重的石库台门、古朴的马头墙、平整的石板路，显得素淡而又典雅。

445

引虎弄。

绍兴城内的引虎弄,始于明代,至今仍在。

这个地名,由明穆宗隆庆五年(1571)农历二月,城中百姓巧妙引虎、合力打虎的真实故事而来。同城、同时代的大文人徐渭,曾专门作《市中虎》,记述了这件奇事。

有关明代绍兴尚有老虎这一野生动物,明万历《会稽县志》、明内阁首辅朱国桢《涌幢小品》、明大学者陶奭龄《小柴桑喃喃录》等文献里边,均有记载,正好与地名互为印证,从中也反映了明代包括气候、森林、食物链等在内的、良好的生态环境。

446

刻在大地上的耕读传家民风。

绍兴有不少与教育、科举相关的地名,既解析了这个地方名人辈出的原因,又见证了这个地方耕读传家的民风。

府学弄。北宋仁宗时,有位叫吴孜的监簿,做出了舍宅为府学宫的高风亮节之举。清时,府学宫成了"浙东诸庠第一"。府学弄之名,正是因此而来的。

学坛地。位于古城中心的学坛地,与北宋徽宗时,会稽县令宋之珍在此建县学有关。

柴场弄。是因为这里曾经是始于北宋的山阴县学宫会膳后,堆放柴薪之处。

鲤鱼桥与锦鳞桥。位于宋代所建的贡院之内，在南宋嘉泰《会稽志》中已有记载，蕴含着人们对科举及第、功名利禄的美好期待。

鱼化桥河沿。南宋时连续出了詹骙、莫子纯两位状元的地方，因为“鲤鱼跳龙门”，而被人们称为鱼化桥河沿。

试弄。因这里是清代士子应试的试院所在地而得名。

会元弄。因为这里出过一位会元，即京城会试第一名的乡贤而得名。

探花桥。因系明代乡贤、探花谢丕所建而得名。

447

城乡地名均有味。

绍兴城里的地名，五彩缤纷，别有韵味；城外的地名，也是五花八门，别有风味。

章镇四明逶迤娥江绕，是个山清水秀、地灵人杰、充满生机的好地方。

旧时，这里的居民多姓章，因曹娥江流经其聚居地，人们沿江建埠成集，所以又称章家埠。

章镇是东汉伟大的唯物主义思想家、自然科学家、文学批评家王充的故乡。

章镇葡萄、章镇猕猴桃、章镇小酱瓜以及秀峰仙茶、秀峰板栗、秀峰竹笋等秀峰水果与秀峰蔬菜、秀峰食品，得天地精华，是人们喜爱的农副产品。

章镇有风光独秀、与天比高的堆高山。山中有今又重辉的千年古刹秀峰寺。山上有猢狲洞，洞中有棋盘石，可容人对弈；从洞名来分析，想必这里曾经是猢狲们的世界。山的最高处曰秀峰尖岗，这“秀”“尖”二字，最确切不过地指出了此“峰”此“岗”的特征；登临其上，举目远眺，既可生“一览众山小”的气概，更可发“山外更有山”的感慨。

448

最是祥瑞称灵芝。

灵芝，又称瑶草、瑞草、神芝、还阳草、灵草等，在我国现存最早的中药学著作《神农本草经》及明代大医学家李时珍编著的《本草纲目》中，均有记载。这是一个寓意健康、阳光、吉祥的好名字，以此作为地名，是最好不过的了。

绍兴灵芝，有地之灵。据《越中杂识》等记载，当年宋高宗赵构为避金兵追击，南行至此，为一河所阻。正在危急、发愁之时，忽见两岸大树相向倾倒，横卧成桥，高宗于是缘木而渡，并发出了“十里霞川、灵芝福地”的由衷赞叹。“灵芝”“大树江”“缘木渡”等地名，由此而来。

灵芝还有水之灵。这里河湖密布，有造化天成的荷叶地貌，有浙江省第一个国家级城市湿地公园，有面积 4 倍于杭州西湖的狭猱湖，水域面积占了区域面积的四分之一。据清嘉庆《山阴县志》卷二十载，狭猱“湖周围四十里，傍湖居者二十余村”。为避风浪，保安全，明代时会稽张贤臣花 5 年时间，罄全部资产，于湖中建成了长 6 里并配有 3 桥的避塘。而今，这条长 3500 米、宽 2 米，构思独特、气势恢宏的古代交通、水利设施，已经成了国家重点文物保护单位。

灵芝更有人之灵。汉时，名士梅福曾隐居于此，留下了梅山等地名。东晋名相、王羲之堂伯父王导曾居于此，如今这里仍有很多王氏人家。清同治、光绪之际才望倾朝右的学者、旧文学的殿军、晚清四大日记之首《越缦堂日记》的作者李慈铭的故里便在灵芝。

今日的灵芝，是绍兴镜湖新城的核心，更是绍兴政治、文化的中心。

449

马山。

马山是绍兴市越城区下辖的一个镇，说是马山，其实无山，而且多水。

马山历史悠久。据《越绝书》载，越王勾践曾在这里建筑海塘。还在马山的安城里建造驾台，作为自己的行宫；建造高库，存放灭吴后的战利品。这驾台与高库，因为高大，后人误以为山，遂称其为马山。1984年，马山还出土了汉代的双耳陶罐与三国早期的青瓷双耳罐等文物。

马山名人辈出。这里的姚家埭村帅府台门，是姚启圣的故居。姚启圣在清初统一全国、收复台湾的过程中战功卓著，在任福建总督时出资修建家乡的三江闸与府学，是位了不起的政治家、军事家，其故居理应得到很好的保护与利用。

豆姜车家弄村的马叙伦，系清末南社社员，参加过同盟会，是中国科学院院士和新中国第一任教育部部长，担任过中央人民政府委员、全国政协副主席。擅长书法、诗词，著作等身，于语言文字造诣尤深，是位“思想每随时代进，坚贞不为大风挠”的大文人。

马山村的章锡琛，创办“开明书店”，撰著《马氏文通校注》，曾出版林语堂编写的《开明英文读本》和朱起凤花30年写就的大部头工具书《辞通》，是位了不起的近代出版家。

还有，宋家溇的宋汉良，是当代石油专家。车一村的车越乔，身在香港，依然心系家乡的教育与文化，捐资捐物超过了亿元人民币。

450

竺可桢先生的故乡——东关。

今日上虞所辖之东关，因在绍兴古城的东边而得名。

东关在越王勾践时，是越国后方。这里有越国的锡山等矿产基地，练塘等冶炼基地，以及鸡山、豕山等养殖基地。江南最早的运河之一“山阴故水道”，正是为了沟通首都与这些基地之间的交通而开挖的。

古往今来，东关一直是商贸重镇。浙东运河绍兴段自西向东横贯东关，使这里很早就成了区域性的贸易中心。民国时期，东关有商铺558家，其中的米市，与柯桥、临浦并列为绍兴三大米市。今日，这里依然集聚着600多家大大小小的企业。

东关的人文也很辉煌。这里是竺可桢先生的故乡。竺可桢先生创立了我国大学中的第一个地学系，创建了中央研究院气象研究所，是我国现代气象学和地理学的奠基人，是中国科学院和中国科学院学部的奠基人。他担任浙江大学校长13年，被尊称为“中国四大校长”之一，是我国现代教育的先行者。东关镇上的竺可桢故居，是幢清末木结构小楼，已成为东关最负盛名的景点。

451

曹娥美名传千秋。

曹娥，是位孝女。自东汉桓帝将其旌为孝女后，6次受到帝王敕封。正史《后汉书》将其载为第一位孝女，《女二十四孝》亦将其列为其中之首。

曹娥，是个地名。从汉桓帝元嘉元年(151)建造曹娥庙算起，这个地名已经有了1800多年的历史。后来，又由此而衍生出了曹娥江、曹娥村、曹娥街道等名字。

曹娥，更是一种文化。李白、王安石及其女婿蔡卞、董其昌、徐渭、刘基、阮元、于右任、马一浮等历代大家名流，都曾为之挥毫泼墨。特别是其中的《曹娥碑》，由汉代大文人邯郸淳撰写，东晋时王羲之以小楷书之，宋蔡卞重书后保存至今。当年大文豪蔡邕到会稽时，慕名前往观赏，留下了“黄绢幼妇外孙齑臼”8个字，给予了“绝妙好辞”这一至高无上的评价。这一碑文与雕刻、壁画、书法一起，构成了曹娥庙的“四绝”。千百年来，每年的农历五月十三日至五月廿二日，人们都会自发地从四面八方赶来参加庙会，纪念曹娥的千古孝行，安顿自己的精神灵魂。曹娥由此而成了中华优秀传统文化——孝德文化的化身。

452

崧厦。

崧厦这个地方，历史上曾是海防要地。东晋时，吴国内史、左将军袁崧为抵御海寇在此筑城。后人为纪念这位“保护神”，避其名讳，称其所筑之城为“嵩城”，还建起了袁公祠，俗称嵩城庙。宋嘉定七年（1214），又重建此庙。明代有气节、有才华、善书法的上虞人倪元璐曾撰《嵩城庙碑记》。清时，这里正式建崧厦镇。由此亦可见，官爱民，民自然亦会更爱官。

崧厦虽地处滨海，却也名人辈出。清代有兴水利、济乡邻的工商业家连仲愚，他创办的“协和酱园”，是上虞第一家具有资本主义性质的手工作坊。在现代，这里走出了教育家夏丏尊、地理学家屠思聪、儿童文学作家金近、中国奥委会原主席何振梁等。

崧，意为高大的山峰。真是应了山可蔽障、遮风、挡雨之意，崧厦与伞结下了不解之缘。中国是世界上最早发明伞的国家，3500 多年前人们称伞为“簦”。北朝时期，伞被用于官仪，称为“罗伞”。崧厦制伞，始于 20 世纪 60 年代。而今，这里出产的伞占了全国产量的三分之一，成了名副其实的中国伞城和中国伞具出口基地。

这里生产的“崧厦霉千张”也很有名，曾是朝廷贡品，至今仍然受消费者的喜爱。

453

小越。

小越之名，始于五代十国。相传，吴越王钱镠曾在此斩杀巨蟒，为民除害，后又将小女嫁于此，故名“小越”。

小越因水而兴。百余条河道织成了纵横交错的交通网络，使得这里早在明代就已店铺林立，集市繁华。明太祖朱元璋时的试吏部尚书陈敬，来小越访谒伏龙山下的“福园精舍”时，作《次竹深隐君入邑感怀》，留下了“城市近添沽酒肆，人家况有读书声”的佳句。

小越古桥林立。有记载的建于民国初期以前的古石桥有50余座，至今仍存40多座，且极大部分得到了较好的保护。其中的伏龙桥，始建于唐长庆初年，重建于南宋淳熙十一年(1184)，是一个融桥、堰、闸功能于一体的综合工程，充分体现了古人的聪明才智，其功能构想至今仍被大中型水利工程借用。

小越大家辈出。出生于清道光十七年(1837)的陈春澜，是上海钱业界的领袖人物，著名的春晖中学就是以他于1908年创办的春晖学堂为起点的。还有，精忠报国、才华横溢的倪元璐，国学巨擘、考古大师罗振玉，化学专家、中科院院士袁承业，等等，都是小越人。

454

驿亭。

驿亭因古道驿站而得名。这里是古驿道上的重要站点，至今已有

4000 多年的人类活动史和 1300 多年的地区建制史。

驿亭因春晖、二都而扬名。由陈春澜捐资、经亨颐创办的春晖中学，集聚了一个时代的风流人物，夏丏尊、朱自清、丰子恺、朱光潜等相继在此执教，蔡元培、黄炎培、张闻天、胡愈之、叶圣陶、陈望道、李叔同、刘大白、俞平伯等先后在此讲学。这里出产的二都杨梅，历史上是朝廷贡品，今日仍然是地方名产。

驿亭因名人迭出而闻名。自宋至清，这里走出了 10 位举人、21 位进士，30 多人荫功袭封。居庙堂之高、怀社稷百姓的好官杜衍，英伟刚毅、忠君报国的李光，教育家经亨颐，全国政协原副主席经叔平等，都是驿亭人。

455

丰岁加惠。

南宋嘉定十七年，即公元 1224 年，上虞知县楼杓重建了丰惠镇中街河上的酒务桥，百姓称便。为感恩，百姓请求更名为德政桥。楼知县却以“丰岁加惠我民”之期待，将之改为丰惠桥。这便是丰惠镇名的由来。

丰惠是一座文化底蕴深厚的千年古镇。早在唐长庆二年（822），这里便已成为县城。

青山绿水育名人。这里走出了东汉时被誉为“神明”的合浦太守孟尝、晋代情女祝英台、中共早期领导人王一飞、当代茶圣吴觉农等。

丰惠人重史重文、重情重义，至今还保留着孟尝、祝家庄等村名，还将所产佳茗称为“觉农·翠茗”。

456

道墟。

上虞道墟，是名副其实的"有道之墟"，是鲁迅笔下闰土的故乡。

这里不仅因宋代时，有章氏定居于此，后子孙兴旺，言行有道，聚成村落，而得"道墟"之名；更是走出了方志学家章学诚、园林学家陈从周、散文妙手川岛、绍剧表演艺术家"美猴王"六小龄童等一大批杰出人才。

道墟的水土养育出了有道之人，有道之人为道墟增添了光彩，为民族做出了贡献。

457

从伧塘到长塘。

上虞长塘镇，原名伧塘，为荒僻鄙陋的低洼之地，所以亦有因此而称此地为怆塘的。经过历代官民的治水改造、筑塘造田，终成富庶之地，伧塘变成了长塘。

长塘地灵人杰，造就了"竹林七贤"的精神领袖嵇康，被追赐为太子少保、谥文懿的明代文状元罗万化，为平定西藏叛乱立下汗马功劳的清康熙十七年(1678)武状元罗淇，创办我国近代首家私立科技大学"亚泉学馆"、最早科学刊物《亚泉杂志》等的著名科普出版家、翻译家杜亚泉，引进马克思《资本论》的第一人、被誉为现代新儒圣的马一浮等历史名人。

这些名人，一如天空的明星，照亮了当时的社会，照耀着今人的行程。

458

福全——万福俱全之地。

福全境内有山,状似倾覆之船,名曰覆船山。后人寓万福俱全之意,雅称福全山,地遂以山名。

福全的容山与迪埠两个村,留下了当年美女西施在此休息、化妆美容后,告别乡亲、上船赴吴这个宛转动人的故事。

福全的七贤桥,是当年"竹林七贤"经常相聚、饮酒吟诗的好地方。

这里的容山大岵尖,因山高雾重,俗称大雾尖。尖顶原有历史久远的云霞观,乡人每值干旱,祈祷灵应。后改香山寺,为越中少有之山顶寺院。

这里还是明代都督何景星,清代太子太保何谦之,辛亥革命烈士、巾帼英雄秋瑾的故里,至今仍保存着他们生活过的花厅、擂鼓台门、故居等文物古迹。

福全的居石湖,原为鉴湖的一部分,因湖底有居石蛋而得名。清时的居石湖,湖面宽广,群山环绕,山影倒映,湖光山色,相映成趣,堪称一方净土。特别是其中一方方千姿百态的湖墩,俗称乱湖田,轻舟其中,如入迷宫,令人叹为观止。前人曾将湖景描述为平田望月、湖心尺印等"居湖十景"。

令人欣慰的是,在前些年的工业化大潮中,除漓福公路将湖一分为二造成遗憾外,居石湖的主体部分仍然得到了较好保护。期待能在现有基础上加以拓浚梳理,恢复十景,使之成为市民与游客生活、休憩的好去处。

459

兰亭。

兰亭因汉时于兰渚山麓建有驿亭而得名。世人一听到兰亭，首先想到的是王羲之，是兰亭雅集、曲水流觞、《兰亭集序》。这自然没错。然而，你该知道的兰亭，远非这些。

兰亭有国家重点文物保护单位兰亭景区、印山越国王陵、徐渭墓、王阳明墓，有兰亭国家森林公园，还有我国第一所书法类高等学校兰亭书法艺术学院。

在一个街道的区域内，有 6 个国字号单位，且涉及领域又如此之广的，不要说在浙江，就是在全国，恐怕也是独一无二的。

曲水流觞

460

滴渚。

漓渚因地有漓江，江中有渚而得名。又传越王勾践曾派大夫范蠡在此组织百姓“十年生聚”“十年教训”，因称“蠡驻”，后谐音称作漓渚。

漓渚为越王勾践植兰之地，是春兰的摇篮。境内的漓渚江为鉴湖的主要源头之一。挺尸山一带的古墓葬群，是汉魏六朝文化遗存。明时，漓渚为城外关津，曰漓渚关。清时，曰漓渚市。1932 年建镇。

今日之漓渚，成了实至名归的中国花木之乡；一年一度的漓渚兰文化博览会，更是成了海内外兰文化爱好者的节日盛会。

461

夏履。

夏履之名，与大禹相关。据《吴越春秋》卷六《越王无余外传》记载，当年大禹治水途经此地，因赶路匆忙，“履遗不蹑”。后人念其功德，将大禹遗履之江与桥分别以“夏履”名之。1932 年，乃以桥名镇，置夏履桥镇。令人遗憾的是，这样一座有意义的桥梁，已于 1991 年在拓宽夏履江时被拆。

夏履“九山一田”，山林茂盛，空气清新，风光独绝，堪称“世外桃源”。2003 年，被联合国环境署授予生态环境“全球 500 佳”称号。

境内的越王峥，又称越王山、越王寨、栖山，为当年越王勾践屯兵之地，上有伏兵路、饮马池、走马岗、淬剑石等遗迹，是一个韬光养晦、寻找时机、反败为胜、转危为安的好地方。

越王峥上还有云深禅寺，始建于宋代，除供奉佛与菩萨外，还祀奉越王勾践，是绍兴民间多种信仰集于一体的典型代表。

生态环境“全球500佳”、中国越王峥、江南风情园，应当成为夏履对外宣传的品牌。

462

安昌。

安昌，由吴越国王钱镠命名，至今已有1000多年历史。明万历三十二年(1604)的《羊石山石佛庵碑记》载：“大唐中和间，武肃王镠以八郡兵屯羊石寨，平刘汉宏，及获董昌，因名其为安昌。”这是一个安定昌盛、吉祥如意的好名字。

安昌是古越文明的发祥地之一，是浙江省首批历史文化名镇。现存老街开市于明弘治二年(1489)，在有明一代，为绍兴西北部的贸易中心。

安昌老街因水而闻名，故又称安昌水街，有“碧水贯街千万居，彩虹跨河十七桥”之誉。具代表性的桥，有始建于吴越国钱镠时的安昌桥、明嘉靖时朱屏山建的朱公桥、清光绪十年(1884)建的清风第一桥等。去水街，坐上乌篷船，或者坐在临河的马头桌旁，咪黄酒，看社戏，别有一番风味。

安昌产上好酱油，这里的仁昌酱油与松盛酱油，历史悠久；原料精选，工艺独有；味妙效神，香馨色诱；神州享誉，天下无俦。得益于近水楼台之便，这里的酱鸡、酱鸭、酱鱼、酱肉等酱字头产品，房前屋下，成串陈列，成群结队，蔚为壮观。

安昌集中了木匠、篾匠、铁匠、锡匠以及扯白糖等现在已经难得一见的众多能工巧匠，他们的精湛手艺，会令你大饱眼福。

安昌还有千年古刹安康寺，游人可以去那里领略佛教文化，祈求平安健康。

安昌还是出绍兴师爷最多的地方，建有绍兴师爷馆，你可以去那里见贤思齐，与古人对话，发思古之幽情。

安昌古镇（郑辰莹绘）

463

平水。

平水位于若耶溪畔，因昔日海潮至此而平，故名。

平水是越国的发祥地。越国在今绍兴境内建过四座都城，其中的嶕岘故都与越国转危为安的平阳故都，均在平水。

平水在唐代已有草市，为四邻八方的茶叶集散中心。平水珠茶名重当时，日铸茶更称一绝。平水埠头为绍兴九埠之一，素有“平水大地方，十爿茶厂一爿当”之誉。

平水有迷人的山水风光、深厚的人文底蕴。把平水建设成为越文化博览园和浙东茶都、越中佛国、绍兴南圃，使之成为休闲旅游的胜地、养生康乐的福地，将是一件很有意义的事。

464

齐集名贤，见贤思齐。

齐贤这个地方，商周时期就有人类群居，三国魏晋时已成村落，名下方桥。东晋王羲之、南宋陆游等名贤常在此相聚交流，饮酒吟诗，故名齐贤。想必这里的百姓，是有着求贤若渴、见贤思齐的传统的。

齐贤境内高 4.5 米的羊山石佛，系隋开皇年间越国公杨素筑罗城时，采羊山之石留下峭壁孤岩后，由石工历数世就岩凿成，属晚唐风格。乡贤蔡元培先生为此手书“古越名胜石佛寺”石碑一方。今石佛及相关题刻保存仍较为完好，表明了一方百姓的文化自觉。

465

柯岩。

柯岩之名，因柯水、岩石而得。史载汉代开始，当地百姓便于山上采石，用于建房、铺路、造桥，并在采石的过程中，留下了柯山大佛、云骨等岩石雕凿杰作。

得益于先人的遗产与上苍的恩赐，这里今日已成了以石文化为特色，融自然、宗教、园林于一体的旅游胜地。

柯岩大佛，凿于一27.3米高之孤岩内。佛像始凿于隋开皇间，离地5.5米起雕，高11.3米，耳洞可容小孩进出，其高大由此可见。今保存完好。

柯岩云骨，在大佛东北首，为当年采石留下的柱状孤岩，高30余米，底围4米，最薄处不足1米，以其上有清光绪二年(1876)所刻“云骨”二字而得名，历来有“石魂”“绝胜”“天下第一石”之誉。其形上丰下瘦，宛若锤子倒立，亦颇似冰激凌、蘑菇云，给人以自然天成的错觉，巧夺天工的惊叹。

柯岩大佛

466

华舍。

据《绍兴县志》记载，华舍这个地方，因宋时有华姓人最早在此筑舍定居，后聚居成集镇而得名。现在还保留着的华墟、兴华等村与社区的名称，或许正是这一历史文脉的延续。

华舍古时濒海，至今尚有古海塘、浩田等遗迹，以及镇塘庵、沙地王等相关地名。

史传大禹在此会过诸侯，后人因尝以“禹会”为乡名，并建禹会桥、禹会殿以纪念，还命禹会桥下之河为诸侯江。

唐代后，华舍丝绸业大兴，有“日出华舍万丈绸”之誉。得益于传统的产业优势，20 世纪 80 年代，华舍成浙江省第一个工业产值超亿元的镇。

467

北海。

北海在绍兴市越城区的西北角，这个地名背后所反映的，是绍兴人的见贤思齐、重情重义。

话说唐代大书法家李邕，尝任北海太守，人称李北海。李北海少负盛名，才华横溢，然政治命运坎坷，屡遭贬斥，后为宰相李林甫所害。

李北海曾于唐玄宗开元二十三年(735)莅越，写下了著名的《秦望山法华寺碑》。越人敬仰他的才华与品性，痛感他的蒙冤，遂将他寓所附近的池、桥、巷以北海名之，这便是北海池、北海桥、北海路、北海桥直街等地名的由来。

468

富盛。

富盛在越王勾践时期，是“富中大塘”——越国粮食基地的重要组成部分。历史上，这里又是会稽、上虞、剡县三地的交界区，贸易兴旺，富裕昌盛，因名富盛。

富盛之名，至少已有近千年的历史，这从南宋嘉泰《会稽志》有关“富盛乡”的记载中可以得到证明。清时，称这里为富盛埠。

富盛虽以山区为主，但人文底蕴照样十分深厚。境内的宋六陵，安葬了宋代 7 位皇帝与 7 位皇后，是我国江南最大的帝王陵园。战国万户印纹陶窑址、长竹园印纹陶和原始青瓷合烧窑址、俗称“大吉碑”的东汉建初买地摩崖石刻，都是国家重点文物保护单位。其中的“大吉碑”，还是浙江省境内已发现的最早的摩崖石刻。

富盛，既记录了当年富庶兴盛的历史，更寄托了百姓想要更富更盛的期望。

469

陶堰。

陶堰又称陶家堰，东汉永和间，会稽太守马臻筑鉴湖时，于此置堰，有陶姓宗族聚此堰旁，因名。

陶堰是水乡绍兴的缩影。水网密布，河湖交错，古运河贯穿东西，白塔洋、百家湖水清见底，粉墙黛瓦，田园风光，堪称一方净土。

陶堰享有“江南人才名镇”的美誉。明清两朝，这里出了 42 位进士、83 位贡生、111 位举人。近代更是出了陶成章、陶行知、邵力子等历史名人，他们的故居至今仍得到很好的保护。

陶堰还保存着不少有价值的古建筑。如明代的陶怿进士牌坊，又称秋官里牌坊、上马下马牌坊，为四柱三间门楼式，通高 7.5 米。清乾隆间始建，宣统三年(1911)重建的泾口大桥，作为清代桥梁造型与石雕艺术的典范，成了国家重点文物保护单位。这些建筑，既记录了陶堰当年的辉煌与社情，又难免令人生发物是人非的感慨。

470

孙端。

孙端在春秋战国时期尚系泽国，汉时因地滨曹娥江而形成滩涂。五代十国时，吴越王钱镠组织修筑海塘，逐渐形成村落。清同治时，始有市。据民国《绍兴县志资料》记载，因此地有“远祖孙端曾居于此，地以人著，遂名孙端”。

孙端街道安桥头村的“朝北台门”，是鲁迅的外婆家。房屋建于清代，门前有河埠头；砖木结构，共 2 进，中隔天井，后有小园；宽 3 间；旁有侧屋。鲁迅童年时，常随母至此小住，留下诸多印象，后在其作品中多有描述。现仍保存完好。

孙端还有建于清乾隆十五年(1750)的“节孝流芳”樊浦石牌坊，为四柱三间三楼门楼式，通高 7.5 米，宽 6.6 米，见证了当时社会的核心价值观与高超的建筑、雕刻艺术。

471

斗门。

斗门在今绍兴市越城区的北部，以与“陡亹”音同义近而名，历史上指的是堰坝水闸。

汉代，作为鉴湖的配套设施，在玉蟾（城隍山）与金鸡两山间建玉山陡亹。唐德宗贞元时，浙东观察使皇甫政改建八孔水闸，从此成为绍萧地区重要的出海口与商贸重镇。由此可见，斗门是绍兴人勤于治水、走向海洋的见证。

斗门是绍兴历史文化的缩影。至今保存着春秋战国时的文化遗址、千年老街、千年古刹宝积寺、明初汤和防倭抗倭所建的三江所城、明嘉靖年间汤绍恩知府所建的三江闸及建于清乾隆年间的荷湖登瀛桥，是现代著名作家柯灵先生的故乡。

472

湖塘。

湖塘原称吴塘，相传因勾践灭吴后，使吴人在此筑塘而得名。这个塘，当是勾践组织实施建设的山区水利设施。东汉马臻太守筑鉴湖，堤塘绵延于此，俗称“十里湖塘”，遂改称“湖塘”。

湖塘有筑于春秋时的“古城”，今仍有古城村之名；有建于公元

950 年，至今梵音缭绕的宝林寺与香林寺。

位于湖塘香林山山顶的兜率天宫，是弥勒佛的法身道场，也是有缘者的修行圣地。山上还有全中国规模最大、数量最多、树龄最长的古桂花群，人们给它取了个充满诗情画意的名字——香林花雨。

湖塘是江南水乡的缩影。这里有群山茂林翠竹构成的“青龙”，浩渺鉴湖碧波构成的“白龙”，沿湖青砖黛瓦构成的“乌龙”，人称“湖塘三龙”。

“汲取门前鉴湖水，酿得绍酒万里香。”得天独厚的“十里湖塘”，成就了无与伦比的“廿里壶觞”黄酒美名。

“鉴湖一曲亭犹在，风物千年长不改。”从贺知章到陆游，再到李慈铭，这里承载了古往今来众多文人墨客的笔墨情怀、浓浓乡愁。

“你曾是李白的万里向往，你曾是陆游的焦急归途，你曾让远行者目不暇接，你曾让豪饮者放浪醉步”，一曲《找回鉴湖》，唱的正是梦里水乡醉湖塘。

473

王坛。

王坛位于绍兴市柯桥区之南部山区，为会稽山纵深腹地、小舜江水库源头，其名传因地有硕大盈围之黄檀古树而得，亦传因舜王曾于此设坛祭祀而名。

王坛有一尘不染的青山绿水，丰富多彩的文化遗产，勤劳淳朴的高山乡民。

王坛的舜王庙，是江南规模第一的纪念舜王的圣殿。今日之庙，重建于清咸丰年间，重修于同治元年。2006年，又在修缮的基础上，进行了扩建，成为舜王庙历史上规模最大的一次修建活动。南朝梁任昉的《述异记》载："会稽山有虞舜巡狩台，台下有望陵祠。"照此算来，舜王庙至少已经有了1500年的历史。

王坛的王城村，不知始称于何时。村民们一直口口相传，认为这里是越国开国君王无余的旧都城，他们还以《越绝书》中"无余都会稽山南，故越城是也"这句话，来加以证明。

王坛的青坛村，是现代著名作家、鲁迅先生的学生董秋芳先生的故乡。董先生曾在他的一篇散文中，如此描写他所在的村子："山岭重叠，围成一环，左右两座高山，耸立如牛角；前面溪流一条，随时涨落；有一深潭，碧绿似海，多鱼虾；村后山峦迤逦，松竹丛生，很像一座翠屏。"

王坛还有一个叫腾豪的村，其名从"藤""壕"二字演变而来。相传当年越王勾践曾组织兵士在此以藤为屏障，挖沟为战壕，与吴军作战。

王坛的五百岗与丹家村，风光旖旎，物阜民丰，不但村里人在此安居乐业，而且吸引着越来越多的城里人前来休闲康养。

474

稽东。

稽东是绍兴市柯桥区南部的一个山区镇，因地处会稽山东麓，故名。

稽东深得会稽山的精华，具有“一脚踏三县”的地理优势，形成了“百代古村落”“千年香榧林”“万亩红豆杉”等人文与生态奇观。

稽东这片神奇的土地上，留下了华夏先祖尧、舜、禹的诸多遗存、传说与故事，是一座挖掘“三圣”文化的富矿。这里有一个叫车头的村庄，相传是尧晚年来此巡视，约见舜并最终选定他为接班人时，停放车轿之地。

这里还有一个叫尧郭的自然村，相传是当年舜王为了纪念尧王而建立的一个城郭。这一村名世代相传，沿用至今。先民为祈求安居乐业而建的尧王殿，今日也还能寻到其遗迹。

稽东的冢斜村，集聚居住的是大禹三子余氏的后裔，是个禹裔古村。

475

皋埠。

皋埠在越王勾践时期，是越国粮食基地——“富中大塘”的一部分，历史上一直是富庶之地、鱼米之乡，与“金柯桥”东西呼应，素有“银皋埠”之称。新中国成立之初，这里还一度成为会稽县人民政府的驻地。

皋埠境内的吼山，由越王勾践的养狗基地犬山、狗山之名谐音而来。山因历代采石而成越中胜境，棋盘石、云石墩等巨石凌空兀立，宛若天成，巧夺天工，令人叹为观止。

山上有寿宁寺，始建于宋宣和五年(1123)，今仍有香火。

476

大市聚。

大市聚这个地名，完全是新昌人丰富的想象力的体现，也表达了人们对美好生活的向往。

话说300多年前，这里有株大柿树，人们常在树下交流信息、交易物产，这就有了“大柿聚”之称。因“柿”与“市”同音，后来慢慢演化成了“大市聚”。

大市聚是新昌小京生的主产区。这里的沃洲湖，是国家级风景旅游水库。

477

羽林。

话说南朝刘宋时青州刺史石弥之，生有灵宝、灵赐二子，自丹阳（今江苏南京）迁居今之新昌。后灵宝仕齐为朝奉郎，生一女令嬴，被梁武帝萧衍收为宫女，生子绎，即后来之梁元帝。令嬴贵为帝母，衣锦还乡时，有羽林军护卫。

这段历史，在南朝《石氏宗谱》中有确切记载，当是可信的。母以子贵，地以人名。后人便将羽林军所驻之地称为羽林，今在新昌县尚有泉窝村外羽林坂之名。

2006年9月，新昌县在调整城关镇区划时，组建街道，并以羽林命名。

一个古地名，往往记载着往昔历史，蕴含着丰富人文。当有的地方于古建筑不屑一顾、简单拆除，于古地名不足挂齿、弃若草芥的时候，新昌却将古地名视若珍宝，将古地名文化弘扬光大，实在是值得称道的高明之举。

478

三界。

三界这个地方，因位于今绍兴市柯桥区、上虞区、嵊州市三地交界之处而得名。

东汉永建四年(129)，朝廷曾析剡县北乡及上虞县南乡，于三界置始宁县。清康熙时，称三界镇。以乡建县，史上少见，可见此地的非同寻常。

三界历史上寺庙香火很旺。吉祥净寺起始于南朝宋景平元年(423)的万寿庵，清光绪时重建，20世纪90年代与旁边的关帝庙合而为寺。龙藏寺起始于南朝梁天监二年(503)的龙宫院，唐代诗人李绅曾寓此寺，擢升浙东观察使后捐俸重修，作诗并序，撰记立碑。

三界为我国现代茶业做出了重大的贡献。1936年，浙江茶业改良场在龙藏寺创办，当代茶圣吴觉农任场长。他在此举办茶业技术培训班，并请茶界精英吕允福、余小宋、骆宾基一起传道授业。在解惑受益、学有所成的200多位学员中，吕增耕、裘览耕、尹在继、刘祖香等人，后来都成了当代茶业的中流砥柱。因此，三界也称得上是现代中华茶业的发源地。

479

崇仁。

嵊州的崇仁古镇，地处会稽山腹地，是国家历史文化名镇，已有近千年的历史。

北宋熙宁年间，因崇尚仁义而受皇帝敕封的义门裘氏，从婺州分迁此地。崇仁之名，由此而来。

而今，崇仁古镇规模宏大的古建筑群依然保存完好，成了当地人安居乐业、外来人休闲旅游的好地方。

480

甘霖。

甘霖这个地方，以“龙游化甘雨，与世为年丰”而得名，是一个专门为人类送来及时雨的好地方。

甘霖境内10000年前的小黄山遗址，是曹娥江流域发现的年代最早的新石器时代遗址，给人类送来了稻作文明。

1600多年前，王羲之常来这里的独秀山，祭拜他的老师卫夫人。王羲之不忘师恩，师古启新，为中华民族留下了“天下第一行书”《兰亭序》。

100多年前，这里的东王、施家岙、马塘三村，成了越剧的最早诞生地，孕育出了袁雪芬、傅全香等第一代著名的越剧表演艺术家，给人们送来了精神上的甘霖。而今，镇上还保留了21个较为完好的古戏台。值得一提的是，在甘霖周边的崇仁与黄泽，是筱丹桂与范瑞娟、王文娟等越剧表演艺术家的故乡。我们完全可以从中感受到，当年群星灿烂的越剧艺术的辉煌景象。

481

枫桥。

枫桥是古越先民的重要活动地，其地有江，两岸枫树成林，因称枫江。唐时，江上有双孔石拱桥，地因桥而得名。

这里有始建于南朝梁大同二年(536)的东化成寺。清康熙年间，诗僧元璟住锡于此。建于北宋元祐七年(1092)的东化成寺塔，至今完好无损。

这里的枫桥大庙，始建于南宋，重建于清代，专司祭祀护国保民的船工杨俨，表明了越人饮水思源的感恩之情。现为浙江省重点文物保护单位。

枫桥是人称“三杰”——元朝著名画家、诗人王冕，著名文学家、书法家杨维桢和明末清初著名画家陈洪绶的故里。

1939 年 3 月 31 日，周恩来曾在枫桥大庙做过抗日报国的演讲。

1963 年 11 月 25 日，毛泽东为枫桥“矛盾少、治安好”的经验做出批示，后作为“枫桥经验”在全国推广，枫桥由此而名扬天下。

482

大唐。

大唐这个镇名，叫得真是够气派的。不过，大唐所属的村与社区之名，如冠山、黎明、兴唐、盛唐、开元等，似乎更有气派。

大唐地名，传因辖内旧有大唐庵而来。但这庵之名又是从何而来的呢？恐怕这“大唐”与大唐盛世的大唐直接相关，否则怎么还会有兴唐、盛唐、开元等地名呢？照此想法，历史上大唐这个地方，一定是十分辉煌的。

今日的大唐，袜子产量占了全国的2/3、全球的1/3，是享誉全球、名副其实的袜艺小镇。

483

赵家。

赵家位于会稽山脉西麓，是诸暨下辖的一个“三奇”之镇。

赵家有人文之奇秀。据清《暨阳兰台赵氏宗谱》《兰台古社碑记》等记载，这里聚居的赵氏，是北宋开国皇帝赵匡胤的后裔，地名即由此而来。因赵氏先祖赵抃，乃北宋仁宗景祐元年(1034)进士，官至参知政事——副宰相，曾任殿中侍御史，御史府又称兰台，所以这里也称兰台里。清宣统《诸暨县志》卷九载：“兰台里居民皆姓赵。人文秀出，甲于县东。”历史上，从这里走出了70位秀才、20位贡生、7位举人、1位进士、108位太学生与国学生。

赵家有香榧之奇姿。这里人工栽培香榧有1300多年的历史，有1000年以上树龄的香榧2700株、500年以上的2.5万株、100年以上的3.7万株，古香榧树的数量占了全国的60%，是“全球重要农业文化遗产”——会稽山古香榧群的核心地区。

赵家有古井之奇韵。历史上，这里呈现出“有人就有井”“有田就有井”的奇特景象。20世纪30年代，赵家有古井8000多口。1985年，尚有3633口，今存1000余口。古井数量之多，世所罕见。赵家的这些古井，多为借助杠杆原理提水的“拗井”，井边竖一大木做“拗桩”，拗桩上支着一根横木，像秤杆以提纽为中心分为长短不一的两端，一端绑以大石，一端连着“拗杆”。这些像秤的竹木架，有一个古老的名字——“桔槔”。这是中国乃至全世界保存最完整、最古老的灌溉工程形式，是古代人类文明的活化石。正因为如此，2015年10月12日，入选“世界灌溉工程遗产”。

484

马剑。

马剑是绍兴最西边的一方胜地，有古意浓郁的秦皇古道。民间2200多年来口口相传，称这里是当年秦始皇巡越祭禹时经过的地方。从地理位置与地形特征，以及司马迁《史记·秦始皇本纪》里边“从狭中渡”的记载来分析，秦皇经由此地的故事，也并非空穴来风。

马剑镇下辖15个村，有宗祠10座，其中2座为省级重点文物保护单位，还有宗族房派厅堂38座，可见这里的传统文化底蕴有多么的深厚。

马剑名人辈出，最有名气的，当数进入《明史》的戴良和戴思恭叔侄。戴良好读书，“恒至夜分乃寐”“穷日夕不能休”“终日危坐无惰容”，与宋濂、王祎、胡翰并称为“金华四先生”。戴思恭深受洪武帝朱元璋、建文帝朱允炆和永乐帝朱棣三帝的信任，成为世所罕见的三朝御医，留下了诸多医书，被明朝首辅朱国桢称为“国朝之圣医”。他去世后，永乐帝还亲撰祭文，遣人祭奠，可见其医德之高、医术之精、地位之崇。

485

阮市。

相传明末清初，有一阮姓进士迁居于此，沿河建埠，后逐渐形成集市，因称阮市。

阮市与店口一带，是越国埤中故都的所在地。春秋战国时期的印纹陶遗址，见证着这里当年热火朝天的动人场面。现在，这里还保存着马坞、营盘、皇殿畈、天子山、长安山等具有浓郁的王家气息的地名。

在绍兴，像这样充满历史文化气息的村庄有不少。

486

栖凫村。

南宋嘉泰《会稽志》中，引用了尸子的一句话：“野鸭为凫，家鸭为鹜。”尸子是战国时期著名的政治家、思想家、学者，这就说明，至少在2200多年前，人们已能分清野鸭与家鸭了。

今绍兴古城南部，尚有栖凫村这个充满诗情画意的地名。我们目前虽然还不知该名始于何时，但可以想象，当年出现这个地名的时候，这里必定是一派碧波粼粼、湿地绵连、群凫栖乐的美丽景象。

栖凫村文化底蕴深厚，有三接桥、徐公桥、徐家洋房等珍贵文化遗产。

地名往往是一个地方地理生态、天时气候的忠实记录。像栖凫村这样的地名，正是如此。所以，应当倍加珍惜，好好保护，使之代代相传。

487

国字号的美丽宜居村镇。

2017 年 1 月 9 日的《绍兴日报》报道，住房和城乡建设部日前公布了全国第四批美丽宜居村镇名单，绍兴的柯桥区平水镇与柯桥区漓渚镇棠棣村、上虞区岭南乡东澄村，榜上有名。此前，新昌县镜岭镇外婆坑村已入选第三批美丽宜居村庄。

这些国字号的美丽宜居乡村，共性是特色、绿色，核心是利居、利业。在绍兴，这样的乡村还有很多。这些乡村，既为“乡下人”所安居，也为城里人所向往；既是“乡村振兴”的标志，也代表了中国城镇化的方向。

488

一座古建筑，85 间房。

诸暨璜山镇的溪北自然村，背靠吴峰山，面向龙泉江，周边是一片田园风光，环境令人赞叹。

而这里的一座名叫“新一堂”的古建筑，更是让人惊叹。整座建筑竟有大小屋柱 778 根、天井 24 个、房子 85 间，另有 28 弄和 17 个基头。

这座古建筑始建于清康熙年间，直至道光年间才全部建成，端庄典雅，保存完好，与自然融为一体。一字排开的台门正中门框上，镶刻着一副篆体楹联——“春风先及第，旭日正当朝”，见证了这座楼堂的长盛不衰。

这些古村落、古建筑的传承，是与建筑业的发展紧密相连的。

489

绍兴建筑厚积薄发。

建筑强，则建设强。古今中外的城乡建设与发展，都是建立在建筑业发展的基础之上的。

建筑，是写在大地上的文字，绘在大地上的图画，刻在大地上的历史，更是留在大地上的规划师、设计师、建筑师与建筑工匠们的人生价值。

从这个角度讲，一部建筑发展史，也是一部城乡发展史、人文发展史。

绍兴建筑业有着悠久而光辉的历史。北魏地理学家郦道元在《水经注》中写道，越王勾践时期生产的大瓦，在 1000 年后的北魏时期，竟然还在使用。汉晋时期越地生产的砖甓，已名闻天下。

而今，绍兴人又陆续捧回了 50 多个中国建筑行业工程质量的最高荣誉——“鲁班奖”。

建筑，是一门令天成的自然环境与既有的人文环境锦上添花的艺术。建筑的最高境界，是巧夺天工，天人相融，人乐其中，从而使自己也成为自然的一部分。而旅游正好是对建筑境界的一种典型的检验。

490

绍兴自古就是旅游胜地。

旅游作为一大产业，是近代产业革命以后的事情。然而，作为一种社会现象，则古已有之。

绍兴古代的旅游，有帝王巡游、策士幕游、谋士说游、商贾行游、僧士云游、方士隐游、猛士壮游、文士漫游等 8 种形式，在我国古代旅游史上很有代表性。

帝王来越巡游，以舜、禹、始皇、康熙、乾隆等为代表。

舜避丹朱之乱，在此韬光养晦。禹治滔天洪水，在此地平天成。秦始皇上会稽，祭大禹，望南海，立石刻。康熙来绍兴，临兰亭序。乾隆到绍兴，作七律诗。刻有康熙临书、乾隆作诗的“祖孙碑”，至今仍完好地矗立在兰亭景区，成为江南独一无二的奇观。他们还为绍兴留下了很多的诗文与遗迹。

491

策士幕游。

策士来越幕游，以楚国人文种、范蠡，晋国流亡公子后裔计然等为代表。

文种向越王勾践献了“灭吴九术”。范蠡帮勾践建设城池，组织生产，训练士卒。计然帮勾践改革政治，发展商业，促进农业。他们几位为勾践成就春秋霸业，立下了汗马功劳，既见证了勾践敢用人的胆识、善用人的智慧，又见证了事在人为、“一个好汉三个帮”的真理。

492

谋士说游。

谋士来越说游，以孔子的学生子贡等为代表。

子贡当年来越游说，做通越王勾践的思想，请他帮助吴王夫差攻打齐、晋两国。结果是，“子贡一出，存鲁，乱齐，破吴，强晋而霸越”，对春秋后期的军事、政治形势产生了十分重大的影响。

493

商贾行游。

商贾来越行游，以春秋时楚国的风胡子等为代表。

商贾行游，相当于现在的商务旅游考察、购物游。当年，楚王令风胡子来越求购诸侯国中制作最为精良的越剑等。因为当时越国的青铜冶铸、制陶、纺织、种植等技术，都已十分发达。越楚两国的贸易，不仅见之于文献的记载，更见之于大量的考古发掘，越王剑多出土于楚地便是很好的例证。

494

僧士云游。

僧士来越云游，以东汉时安息国高僧安世高、印度高僧康僧会，三国时印度高僧支谦，唐代诗僧皎然等为代表。

安世高是江南佛教的第一传播者，是越地佛教直接真传的第一当事人。皎然与茶圣陆羽是好朋友，多次游越，其流传至今的25首茶诗，不少便是在越中写就的，其中还首创了“茶道”这个词汇。

495

方士隐游。

方士在越隐游，以梅福、葛洪、陶弘景等为代表。

历史上，很多名人都慕名到越地隐游，甚至由游而寓，由寓而居。绍兴至今仍有很多地名，如梅里、梅墅、梅山、诸葛尖、陶宴岭等，都与他们直接相关。

496

猛士壮游。

猛士来越壮游，以楚国人项羽等为代表。项里这个地名，便是因项羽叔侄当年在此居住而来的。

项羽当年与其叔父项梁在越地见到秦始皇巡越的气派场面时，脱口而出“彼可取而代之”。成语“取而代之”即源于此。“破釜沉舟”这个成语,也与项羽有关。

497

文士漫游。

文士来越漫游,以司马迁、李白、杜甫等为代表。

司马迁为了写《史记》,实地考证相关内容,“登会稽,探禹穴”。

有学者考证,李白 4 次游越。他赏越景,咏越史,歌越贤,颂越俗,写下了 100 余首与越地相关的诗,占了其诗文总数的 1/10。

《全唐诗》的 2200 多位作者中,有 1/5 游历过越地。他们用脚步丈量稽山鉴水,走出了一条影响深远的浙东“唐诗之路”。

498

从来悠游数越中。

绍兴这个地方,山水景色独美,历史人文独佳,自古就是游者们的天堂。

从来悠游数越中,秦汉晋唐已成风。山阴道旁百卉萋,若耶溪畔千帆通。娥江唱和兴未尽,鉴湖醉歌乐无穷。今朝绍兴绘新图,锦上添花天人融。

499

逍遥越中不须回。

山水信是会稽美，无穷胜景君难绘。晋唐心印遗风在，逍遥越中不须回。

500

交通的春天，旅游的春天。

古人在那个交通极为不便的年代，不顾千山万里之遥远，不怕车马舟船之劳顿，纷至越中，其精神堪称伟大。

而今，绍兴的交通环境与条件，发生了翻天覆地的变化。

杭州萧山国际机场到绍兴，只有半个小时的车程；宁波机场到绍兴，还不到一个小时；上海浦东国际机场到绍兴，也无非两个小时多一点。

2016年5月与2017年1月，铁路绍兴站开通了开往洛阳、北京等地的始发列车。

2016年7月22日与2017年7月10日，杭绍城际铁路与绍兴地铁1号线先后开工，绍兴迎来地铁时代。

2016年12月23日，杭绍台铁路开工，绍兴全市各区（县、市）高铁全覆盖即将梦想成真。

2020年6月28日，全长160.7公里的杭绍台高速公路绍兴市境内 67 公里先行段建成通车。

而今，长三角一体化，已经成为人们的共识。杭绍甬同城化，正在成为美好的现实。

旅游，是一种向往，对美好生活的向往；是一种追求，对美好生活的追求；是一种享受，对美好生活的享受。

交通为绍兴旅游插上了腾飞的翅膀，旅游必将为绍兴经济和人们生活插上腾飞的翅膀。

安居乐业吧，市民朋友！

说来就来吧，四方朋友！

图书在版编目(CIP)数据

绍兴有意思 / 冯建荣著. —杭州 ：浙江工商大学出版社，2021.5(2024.8 重印)

ISBN 978-7-5178-4223-1

Ⅰ. ①绍… Ⅱ. ①冯… Ⅲ. ①绍兴—概况 Ⅳ. ①K925.53

中国版本图书馆 CIP 数据核字(2020)第 260677 号

绍兴有意思
SHAOXING YOU YISI
冯建荣 著

出 品 人　郑英龙　汪海英
策划编辑　沈　娴　方晓阳　方　杏
责任编辑　刘　颖　沈　娴
责任校对　何小玲
插　　图　郑思佳
封面设计　观止堂_未氓
责任印制　包建辉
出版发行　浙江工商大学出版社
(杭州市教工路 198 号　邮政编码 310012)
(E-mail:zjgsupress@163.com)
(网址:http://www.zjgsupress.com)
电话:0571-88904980,88831806(传真)
排　　版　杭州朝曦图文设计有限公司
印　　刷　浙江海虹彩色印务有限公司
开　　本　889mm×1194mm　1/32
印　　张　10.375
字　　数　220 千
版 印 次　2021 年 5 月第 1 版　2024 年 8 月第 9 次印刷
书　　号　ISBN 978-7-5178-4223-1
定　　价　68.00 元

浙江工商大学出版社营销部邮购电话　0571-88904970